WAC BUNKO

私は、いかにして「日本信徒」となったか

呉 善 花

私は、いかにして「日本信徒」となったか◉目次

装幀／神長文夫＋柏田幸子

プロローグ

はじめて知った日本

たった一人の韓国人

私が韓国から日本へ渡って来て、今年（一九九九年）の七月で満十六年になる。

来日して八年経った一九九〇年の暮れに、それまでの自分の日本体験をベースに書いたはじめての著書『スカートの風』を出版し、それから現在までに八年が経ったことになる。『スカートの風』の出版は、私の日本での人生のちょうど真ん中に位置しているのだが、それはまさしく、その前後を真っ二つに分けることになった私自身の「大事件」であった。自分でも思うし、日本人からも韓国人からもいわれるが、私のような韓国人はちょっとほかに例がないようだ。それは何よりも、来日当初は典型的な反日意識をもっていた、まったく無名の韓国人女子留学生が、日本語で韓国および韓国人への痛烈な批判を日本人へ向けて書き、しかもそれが、日本および日本人を肯定的に評価した内容だったこと、そしてそれが日本でベストセラーの仲間入りを果たしたことにあると思う。

ほかの国の者ならば、とくに珍しいこととはいえないだろうが、それが韓国人となると、少なくともネイティブの韓国人では、それまで、ただの一人もいなかったことはたしかだった。

ただ私自身としては、来日以来、日本人と韓国人との間の小さな、しかし深い行き違いに悩み続け、日韓のはざまのような位置に落ち込んで、その苦しみのなかで感じたこと、得たことなどを必死に書き綴《つづ》ったつもりだった。それが『スカートの風』だった。

私がなぜ、韓国人としてははじめてといえる内容の書籍出版を、韓国人からさんざんいわれ続けてきた言葉を借りれば、「対日売国行為」をやってのけたのか。いや、そのようなことをあえてするような私へと、私はどのようにして変わっていったのか。

それは個人的なことにすぎない、と思ってきた。しかし、これはまったく私一人の例外的な問題にすぎないのだろうか。事実としてはいまのところそうなっているが、けっしてそうとはいいきれないところもあると感じる。それでは、どのようにして、と問われると、自分でもはっきりとした答えがない。

しかし、『スカートの風』を書くにいたるまでの自分の足跡のなかにその答えがあることだけは、はっきりしている。そのへんを探ってみてはどうかということは、これまでにも何人かの日本人からすすめられたことがあった。

本書は、そうしたすすめをようやく受けて筆を執《と》ったものだが、あらかじめ答えをみつけて書いたものではない。ある意味では、私自身を一つの素材として投げ出してみたもの、といったほうがよい。できるだけ関連する事柄をフォローするようには書いたつもりだが、いらぬことも多く書いてしまったかもしれない。

ともあれ、私自身がたどったこれまでの人生の主要な事柄について、書きもれはないと思っている。

「日本教」への深い共感

なお、本書のタイトルについて述べておきたい。

『私はいかにして「日本信徒」となったか』は、内村鑑三氏の名著『余は如何にして基督信徒となりし乎』にあやかったものである。

また山本七平氏は、日本人の精神性を「日本教」という言葉で示された。山本氏があえてこのような言葉を使われたのは、日本人の一般的な精神のあり方が、世界標準からすればかなり独特なもので、一種の世界的な孤立状態にある、という観点へ注意をうながしたものと理解してよいと思う。

「日本信徒」とはこの「日本教」、つまり山本氏が指摘されたような、よくも悪くも世界に突出したその特有な心性に、自らの心が深く静かに共振《きょうしん》するのを感じる者、といった意味に受け取っていただければよいと思う。

内村鑑三氏はその本のはじめに、自分が書こうとするのは、自分が「いかにして」キリスト信徒となったかであり、「なぜに」ではない、と書かれている。回心《かいしん》の哲学を述べるのは自分の主題ではなく、自分はただその「現象」を記述して、自分よりも哲学的な訓練のある人々への材料を提供するにすぎない、というのである。そして、内村氏は「自分自身を周到な観察の主題とした」といわれる。

内村氏のこの本の意義と私のそれとでは、比べることすらおこがましいが、私がこの本で語りたいこともまた、「なぜ」ではなく「いかにして」であることはたしかなことである。

内村氏は一般に、「聖書の教えと武士道的モラルとの深い人倫《じんりん》的な結合によって、独自の福音《ふくいん》主義思想を形成した日本人」として知られる。それがどんなものか、いまだ私には勉強不足で理解できているとはいえない。それを棚にあげたうえで、さらに比較を恐れず強引にいってしまえば、内村氏をして「日本教」から「キリスト教」へ転向したと論ずることが間違いであるのと同じような意味で、私もまた「韓国教」から「日本教」へ転向したわけではない。

山本七平氏はかつて、「日本人は水と空気と安全をタダだと思っている」といわれた。私は、この言葉には、よい意味でも悪い意味でも、「日本教」の何たるかの神髄がこめられていると感じる。そして私は、日本生活を続けているうちに、しだいにそういう日本人の精神性の深みに身を投じていくことになり、やがてこの精神性の根づいた土地に溶け込むようにして生きていきたいと思うようになった。

いってみれば私は、「日本教」の門の外からそのなかを、あるときは冷ややかに、あるときは興味津々でうかがっていたのだが、気がついてみると、その内側の隅のほうにこっそり入り込んでいたという「日本信徒」なのである。とはいえ、そこではおそらく、私独自の「日本教」になっているところがあるはずだ。と同じように、個々の日本人もまた、それぞれ独自の「日本教」をもっているに違いない。

そういうわけで、できるかぎり「自分自身を周到な観察の主題」としながら、〝私はいかにして「日本信徒」となったか〟を語っていきたい。

第1章

不思議な国の住人たち

——東京下町の生活

不思議に印象のよかった日本

いまから十六年前のこと。私はアメリカへ留学したいと思っていたが、当時の韓国ではアメリカのビザ取得が困難だった。そのため、まず日本へ留学し、日本を足場にアメリカへ渡ろうという、あまりよろしくない動機で私は日本へやって来たのである。

それでも、その数カ月前、韓国で通っていた教会の関係で、日本の老人ホームの慰問《いもん》団の一員として初来日を果たしたときに、日本の印象があまりにもよかったので、日本で生活することは楽しみだった。

それは一九八二年十二月から翌年の一月にかけての短い期間だったが、そのときに私が体験した日本は、韓国にいるときにイメージしていた日本とはまるで違っていた。

日帝時代を頑迷《がんめい》に反省しない日本人――それは許さないという反日意識を強くもっていた私は、どこへ行っても優しく親切な日本人、どこへ行っても整然としてきれいな日本の街並みに触れて、何か肩透《かたす》かしをくわされた感じがした。

戦後、最も強固な反日教育を受けた「反日世代」といわれた私の世代は、日本といえば

「悪魔の国」と答えるほどだったから、「日本人がよい人たちであるはずがない」という強い先入観をもっていたのである。

また、わずかに触れた日本の生活風習も、私にはとても好感のもてるものだった。はじめて旅館の和室に入ったときのこと、それまで、日本人は畳で寝る、と聞いていたもので、案内してくれた宿の人に、

「タタミはどこにあるのですか？」

とたどたどしい日本語で聞いた。そのとき、その人は一瞬けげんな顔をしたが、すぐに、

「あなたがお立ちになっているのが畳ですよ」

と笑いながら教えてくれたことを、いまでも鮮明に覚えている。

その畳の部屋の真ん中に、炬燵《こたつ》がしつらえてある。これが話に聞いた炬燵なんだ……。素朴な生活の雰囲気が感じられ、みんなでもぐり込んで話し合っていると、何か楽しくなってしまう。

畳の部屋、蒲団《ふとん》のかけられた炬燵、そのうえには竹の籠《かご》に入ったミカン。韓国とはまったく異なる空間なのに、不思議に気持ちが落ち着く。これは悪くない、こんなのっていいなと思った。畳は実にいい。「日本人はいい物を発明したんだな」とひとしきり感心した。

韓国にもゴザはある。田舎では夏によく使うので、畳はその延長の感覚で抵抗はまったくなく、とても気に入った。

また、お茶を出す習慣。これはいいものだと思った。

韓国ではお客さんが来たときにお茶を出すことはない。そもそも昔からお茶を飲む習慣がない。麦茶を飲むことはあるが、それはたいてい食事が終わったあとに飲むだけで、それも近年にはじまったものである。

そのときに出されたお茶は、普通の緑茶だったが、とても苦くて飲めなかった。でも、お客を迎えるのに何か飲み物を出す習慣はすてきだ。ヨーロッパにも紅茶やコーヒーの習慣があり、日本ではそれがお茶なんだな、と思った。

いまの韓国では、お客が来ればジュースやコーヒーや果物を出すところが多くなっているが、以前はお酒を出すか食事を出すのが普通で、いまでもそういう家は少なくない。

日本人はうまくもない、ただ苦いだけのお茶しか出さないが、韓国ではご飯をすすめるじゃないか、日本人はだいたいケチなんだよ――韓国人はよくそんなことをいう。当時の私にはそんな気持ちもあったが、私が欧米かぶれだったせいか、お茶を出すというのは何かとてもスマートな習慣のように思えた。

駆け足での体験だったとはいえ、滞在した一カ月の間、悪い印象はまったくなかったことが、反日世代としてはきわめて驚くべきことであった。

私がはじめて知った日本は、とても印象のよいものだった。強い反日意識をもってはいたものの、「それほど緊張することなくやっていけそうだ」という感じをもてた。いや、表面だけではわからないぞ、とも思うのだが、帰国した私は気を昂《たかぶ》らせながら日本へ渡るための留学手続きに奔走《ほんそう》した。

日本語が聞き取れない

一九八三年七月、私は留学生ビザを手に日本にやって来た。まずは、その年の春に先に日本へ渡っていた子どものときからの友だちが住む東京・十条のアパートへ同居し、日本語学校に通う。日本語の力がついたところで日本の大学に入り、大学生活の間に何らかの足掛かりをつくってアメリカかカナダへ行こうという遠大な計画である。私はすでに二十七歳、まったく新たな人生のスタートだといってよかった。

日本語については、韓国で中級コースを終えていた。中級というのは、簡単なエッセイを読みこなせる程度のレベル。だから、日常会話ならばそれほど不便をきたすことはないだろうと考えていたのだが、日本に来てみるとまったく甘かったことをすぐに思い知らされた。

英語はネイティブなアメリカ人の早口の言葉でも何とか聞き取れていたが、日本語は相手が早口になるとほとんど聞き取れないのである。これはいけない、何はともあれ、日常会話を不便なくできるようになることが先決だと知ったのである。

そのため、日本語学校の授業には真剣に取り組んでいたが、聞き取りではテレビの力が最も大きかったように思う。最初はテレビドラマを見ていても、どういうストーリーなのかまったくわからなかった。が、二カ月、三カ月といろいろなドラマを見ていると、だんだんと全体の流れがわかるようになっていく。セリフの一語、一語がすべて理解できなくても、いわんとする意味は通じてストーリーがわかる。そうした感触を手にしたときはものすごく嬉《うれ》しかった。

東京の日本語学校の日々は楽しかった。ソウルの日本語学校では、当然のことながら、生徒は韓国人ばかりだった。それに対して、東京の日本語学校にはさまざまな国の人たちが通って来ていた。広く世界の人々と接したいという私の願いが、そこでとりあえずかなえられた。それがとても嬉しかった。

夢のような民間アパートの生活

十条のアパートは、六畳の畳部屋と簡易なキッチンのある四畳半の板の間、それにトイレと風呂が付いている。いわゆる1DKの古い民間アパートで家賃は四万円。

第一印象は、「一軒家みたい」であった。

韓国にはいまでも、キッチン、トイレ、風呂が付いていて、独身者や収入の少ない若い夫婦でも独立生活を送れる、家賃の安い簡易アパートはない。私がソウルで住んでいたのも日本でいえば素人下宿のようなもの。一家の家屋のなかの一部屋を借り、その家の台所やトイレをその家の家族と共同で使う。下宿人は私のほかに一組の夫婦がいた。まあ、三世帯の共同生活である。

そんな間借り生活が当たり前だったから、はじめての日本の民間アパート生活はとてもいいものに思えた。しかも友だちが、冷蔵庫、洗濯機、炊飯器、テレビなど、家電製品のほとんどすべてを整えていて、さらに電話まであるのにはびっくりした。いずれも安売りの処分品に類するものばかりだったと思うが、これだけのものを当時の韓国でそろえるとなれば莫大《ばくだい》なお金が必要だった。

韓国では結婚すると家財道具はお嫁さんの家でそろえるのが普通だが、当時はテレビと冷蔵庫が精一杯で、それすら用意できない家がまだまだたくさんあった。それほど家電製品は韓国では高価なものだったのである。それが、聞いてみると日本ではかなり安くそろえられるというのだ。そんな生活を普通に送れる日本人をとてもうらやましく感じた。

これだけの小さな空間のなかで生活のすべてが足りる。こんな素敵なことがあろうかというわけで、当初は日常生活そのものが楽しくてしかたなかった。

牛肉と真っ白なご飯をお腹いっぱいに食べられる感動

もう一つ驚いたことは、肉が安いということだった。日本人は肉が高い、高いといっていたが、韓国では肉は一年に何度食べられるかというほど高いものだった。

当時の日本で、国産牛の細切《こまぎ》れが百グラムで三百円。韓国ではその三倍はした。しかも当時の韓国の一人当たりの所得は日本の十分の一だったから、いかに肉が高く、一般庶民には高嶺《たかね》の花だったかがわかるだろう。

スーパーで買う肉も安いが、牛肉がたっぷりの牛丼がたったの二百五十円で食べられるのは、まさに夢のようだった。二百五十円といえば、当時のレートで八百ウォンくらい。簡単な昼の定食で一千五百ウォンほどしたから、その半分の値段で牛肉とご飯が食べられるというのが、大変うれしかった。連日のように、家では肉を調理し、外では牛丼や焼肉を食べまくったものだ。

在日の叔父《おじ》の一家と、はじめて焼肉食べ放題の店に行ったときのこと。叔父は「好きなだけ食べなさい」といい、叔父の息子や娘たちはどっさりと肉を運んできては食べている。私もそれにならってどんどん食べていたが、だんだんと心配になってきた。キムチではあるまいし、まさか牛肉をいくら食べても同じ値段だとは思いもしない。

こんなに食べてしまっていいのだろうか、いくら日本では肉が安いとはいえ、これだけの量となれば相当の金額になるに違いない。叔父は無理していやしないか、私の前で見栄《みえ》を張っているのではないか……。

帰りがけ、不安な気持ちのままレジでお金を払う叔父をそっと見ていると、一万円札を出してお釣りをもらっている。どうも信じられない思いだった。

日本のご飯にも感動した。白米のご飯が何ともおいしいのである。当時の韓国のお米は、日本のようにおいしいものではなかったし、一般の家庭では白米に粟《あわ》や麦や人造米を混ぜて食べていた。一般家庭で買うお米はほかの雑穀と混ぜ合わせたものだった。食堂でもそうだったが、学校へもって行く弁当でも一〇〇パーセント白米のご飯は贅沢《ぜいたく》だということで禁止されていた。韓国人がいまのようにおいしい白米のご飯を食べられるようになったのは、一九八八年のソウルオリンピックのころからのことである。

なぜ日本では都会の商人が良心的なのか

日本で暮らしていくにつれて、日常生活のさまざまな場面で、日本のよさを実感させられることになった。

あるとき、近所のお米屋さんでお米を一袋買って炊《た》いてみると、パサパサしてまるでおいしくない。どういうわけかと思って店の人に聞いてみると、

「そのお米をもってきてみて下さい」

という。

まだ、ビニール袋に入ったままの米をもっていった。すると、

「ああ、これは三分づきの米で、ほとんど玄米と同じものですよ。健康食として買う方もいるのでうちでは扱っているんです」

とのことだった。

店のご主人は、「ふつうのお米は、これがコシヒカリ、これがササニシキ」などと説明してくれながら、私がもってきた三分づきの米を計量する。そして、

「これが、おいしいですよ」

といって同じ分量の白米を渡してくれ、差額の料金だけを支払って下さいという。

都会の商売人なのに、何て良心的なんだろうかと思った。

韓国でも田舎ならばこのようなことはあるかもしれない。でも都会ではこんなことはあり得ない。「間違って買ったほうが悪いでしょ」となり、新しく買った米の代金を支払わせられ、不用な米が手元に残ることになるのは必至だ。

また、靴《くつ》を買ってきて、家で履《は》いてみたらどうも合わない、そんなときでも韓国の都会の商店では、返品とか交換にはほとんど応じてくれないのが普通だ。

それどころか、一万ウォン札を出して四千ウォンの商品を買ったのに、店の者がお釣り

を一千ウォンしか返さない、なんていうことも、韓国の都会ではしばしば体験したものだ。

「いま一万ウォン渡したでしょう」

「いや、五千ウォン札だった」

と喧嘩《けんか》になったことも何度かある。

日本では、デパートでも専門店でもかなり融通が利くし、ましてやお釣りをごまかすことなどは絶対にないといっていいだろう。そんな噂《うわさ》が留学生たちの間に流れ、日本はいいね、日本人は良心的だね、ということになっていく。

そこで、だれもが矛盾を感じるのである。

「悪魔の国」のはずの日本が、なぜ、そんなにいいところの多い国なのだろうか、と。

教育で知る日本と実際に知った日本との大きな落差

戦後世代の韓国人は例外なく反日教育を受けてきたが、私の世代は一九六〇年代後半から漢字教育が廃止されていき、やがてハングル教育だけとなり、民族教育がいっそう強化されていった最初の世代である。そのため、ハングル世代、反日世代と呼ばれてきたが、小学生のころから、日本人といえばそれこそ悪魔だと教えられ、最も強固に反日意識を植えつけられた世代だといってよいだろう。

ところが、日本に来て実際に生活をしてみると、どこにも悪魔はいないのである。それどころか、天使に近い印象を与える人すらいるではないか。いったい、これはどういうわけなのかということが、日本に来て間もない同世代の留学生たちの間では自然に話題となっていく。

留学生どうしで集まって話してみると、大部分の者が日本人からはだいたい親切な扱いを受けている。それに対して、身内の韓国人からは嫌な思いをさせられることが少なくない。だいたいがそんな感想をもっていることがわかってくる。そこで話は、韓国人のこんなところが悪い、こんなところがずるい、そもそも教育がなっていないのだ、といった方向へしだいに発展することになる。

日本人を知っていくにしたがって、韓国人の悪いところのほうが目立って感じるようになる。と同時に、韓国で日本について知らされていたこと、教えられていたことは間違っているのではないか、という疑問が心に芽生えはじめていく。

私たちよりも一世代前の韓国人が日本に来ても、私たちのようなショックはそれほど受けないという。ショックは当時では、二十歳代、三十歳代の私たち反日教育世代特有のものだった。受けた教育と現実とのギャップがあまりにも大きいため、その間でどうしても悩むことになってしまうのだ。

たしかに、私をふくめて同世代の留学生の多くが悩んで落ち込んでいた。当時の韓国はまだまだ情報閉鎖国だったから、いまでいえば北朝鮮の人々が韓国や日本の現実を知って、大きなショックを受けるのと、それほど変わるものではなかったといえるだろう。

こうして私は、国の政府や世間から聞かされてきたことには、たくさんの嘘《うそ》が含まれていたことをはっきりと知ることになったのである。

海と山が入り組んだ夢のような自然風景

日本に来た当初は、親切な人が多い、秩序が安定している、街がきれい、豊かな生活物資が満ちあふれているなど、とにかくいいところばかりが目につく。それは、あまりにも悪い印象をたずさえてやって来たための反動だといえたかもしれない。

そうした「よき日本」体験のなかでも、当時の私の胸を最も強く打ったのは、海と山が間近に接近する独特の地形が織りなす日本の自然景観である。

東京の叔母《おば》に誘われて伊豆の東海岸を旅行したとき、私はその風景の美しさにすっかり魅了された。

海岸からほとんど間をおかず、一気に山がせり立っている。その裾《すそ》にそってどこまでもくねくねと曲がりながら続く海岸道路を車で走る。

緑に覆われた山塊《さんかい》が眼前に追っては去り、あちこちの岩に打ち寄せる波の白さが見え隠れする。と思うと、いきなり緩やかに割れて広がる谷間が見えてくる。その細長い三角形の空間に点在する小さな家々、その庭にこぢんまりと立ち並ぶ手入れの行き届いた木々。両側の山の斜面の見事な段々畑には豊かに実ったミカンが黄金色《こがねいろ》に輝いている。

こんな風景はこれまでに見たことがなかった。よく似た地形は韓国にも東海岸などの一部にはあるのだが、これほど海と山と人の生活が接近し合い、溶け合った光景はほとんど見ることができない。海と山は遠くに隔《へだ》たれ、その間に平野部が広がる――そんな大陸的なイメージが韓国のものでもある。

ただ、景観は異なるものの、海の匂いと山野の緑の混じり合いは、故郷の済州島を思い起こさせた。こぢんまりとした自然に包み込まれるような安らぎの空間が、たしかにここにもあった。父の厳しさを逃れ、しばしのときを母の温もりに安堵《あんど》した、幼いころのあの感覚だ。

旅先で出会う地元の人々からは、風景そのままの率直な温かさが伝わってくる。そんな気持ちよさばかりを受けた楽しい旅であった。

私は、旅行をあまりしない韓国人にしてはよく国内各地を回ったほうだが、韓国のどこでもこんなに安らぎを与えてくれる風景に出合った記憶はない。韓国の田舎は、日本よりは乾燥したほこりっぽさが目立って、どこかみすぼらしい感じがする。日本のように、豊かな緑の山々に囲まれた小さな盆地がいたる所にある、といったことは少なく、山と平地は遠く離れて別個の世界を形成し、緑は山にばかり属するものという感じだから、平地の生活空間に日本のような潤《うるお》いが感じられないのである。

日本では、生活空間の領域にまで山裾をめぐる常緑樹が張り出し、すぐ近くの谷から水が流れて平地を潤している。それだけ身近に緑があるのに、さらに生活の周囲へ、生活の内部へと緑を取り込んでいく。

それに対して韓国では、緑は山にあるもので、人が暮らす村里に緑があると動くのに邪魔になるといった感覚が古くからある。韓国の伝統的な村もそのようにつくられてきた。

韓国では、庭に草木を植える家はかなりの上流階層にかぎられている。だから私は、日本でも経済が豊かになって庭に木々を植えるようになったのだと思っていた。しかし、ある日本人に聞いてみると、そうではないと首を振る。それならば、文化的な意識の高い人が緑を好むのかと聞くと、その人は再び首を振り、そんなことはないという。日本では普通の人が普通に緑をいつくしむのだという。そんな事実を知ったのも、このころのことである。

日本人の温かさは表面だけのこと?

日本に来て最初の一年は、韓国で教えられていた日本の姿とは反対のいい日本に感激した時期であった。それが、二年、三年と経ち、だんだんと日本の内部へ入っていくようになると、しだいに文化や習慣の違いからくる行き違いに悩むようになっていく。このあたりから、「やはり、日本は韓国でいわれているような、わけのわからない悪魔の国なのかもしれない」と思うようになっていくのである。

日本人との行き違いが、政治制度や社会秩序などからくるものであれば、それはそれで外国のことだからと客観的に向き合うことができる。だが、それが生活習慣、男女関係、友だち関係、仕事関係など、身近な出来事としてあらわれるとなると、そのショックは皮膚を通して身体内部にまで入り込んで神経を攪乱《かくらん》させ、眠れない夜が続く。

たとえば、多くの人たちが親しく、やさしく接してくれるものの、こちらから深く入ろうとすると、みんながみんな、なぜかスッと心を閉じてしまう。いまから思えば、韓国人のようにベタベタとした関係を好まず、相手との適当な距離をとろうとする日本人特有の態度なのである。しかし、当時の私としては、理由もわからずいきなり相手がそうなるので、その瞬間、日本人の心の冷たさをみた思いにさせられるのである。

本格的には、大学に入って日本人との付き合いが増えていってからのことだが、来日二年目くらいから、こうした人と人との距離感覚の差異からくる行き違いが、だんだんと私を悩ませはじめていった。

日本人の温かさは表面だけのことで、内面は冷たい心の持ち主なのかもしれない。なぜもっと親しい関係にしてくれないのかという悩みが積もり、だんだん日本人の心がわからなくなっていく。そうした悩みが積もり積もると、やがて「日本人は人間の心をもっていない、やはり悪魔というにふさわしいのではないか」と思うようになっていく。

同居人の友人は一年ほどで国に帰ってしまった。そのため、日常の場ではいやがおうでも日本人との接触が増えていく。また、私はきわめて好奇心旺盛《おうせい》な人間だから、表面をなでるように付き合っていればいいものを、しきりに内側までを見たがってしまう。そうやって、自ら悩みを増やし、日々、行き違いと格闘することになってしまったように思う。

東京経由アメリカ行きの計画で日本に来たのだから、悪くいえば日本滞在は踏み台にすぎなかった。それでも私は、韓国にいるときに、日本の歴史、政治、経済、社会と、一通り日本について勉強してきたつもりだった。しかし、そんなことが、実際には何の役にも立たないことを思い知らされたのである。

年上の留学体験者から、アメリカに行ったら、こうしなさい、こんなことはしてはいけない、などといわれることはあっても、日本に行ったらこうしなさい、というアドバイスはほとんどなかった。もっとも、あったとしても、私が聞いていなかったのかもしれない。どうせ、同じアジアなのだから、たいして違いはないはずだと安易な気持ちだったようにも思う。まさか、こんなに深く悩むとは思ってもみなかった。

八百屋さんの誇り

日本に来てからの一年ほどの間は、日本人との直接接触は近所での買い物と日本語学校の先生たちにほとんどかぎられていた。そうした日常生活のいろいろな場面での体験から、表向きの日本人はとても良心的でいい人たちだな、という印象をもって、だいたいは最初の一年が過ぎて行く。そして、だんだんと日本人との行き違いでぶつかるようになるのは、二年目に入ったころからである。

十条のアパートの近くに小さな八百屋さんがあった。店のご主人が親切に応対してくれるので、野菜を買うときはいつもその八百屋さんから買っていた。

ある日、私はその八百屋さんに白菜を買いに行った。キムチをつくってアパートの隣の部屋の日本人の御夫婦や留学生の友だちにあげようと思ったのである。

私は店先に山と積まれた白菜を一つ、また一つと触って品定めをしながら、

「おじさん、今日は白菜をたくさん買いますからね、いいのを選んで下さいよ」

といった。するとと店のご主人は、いつもの笑顔はどこへやら、急に怒りだしたのである。

「悪いけど、うちのものはあなたには売りませんよ」

いったい何が気に障《さわ》ったのか、私にはわけがわからない。いつも私の買う量が少ないから売るのを嫌がっているのかな、とも思った。

「なぜそんなに怒るんですか」

と私。するとご主人は、

「朝鮮人にはものを売りませんよ」

といってプイと横を向いてしまった。

親しいと思っていた人にいきなり後ろから殴られたような、実に不快な気持ちに襲われた。日本人に怒られたのは、日本に来てはじめてのことだった。また面と向かって「朝鮮人」といわれたのもはじめてのことだった。

私は「これがよくいう日本人の朝鮮人差別というものなのだな」と思った。

そのころ、八百屋さん以外でも、近所の店の人から嫌な気分を与えられることがいくつかあった。行きつけの美容院の人たちがなぜかよそよそしくなり、声をかけても口をきいてくれなくなったのもその一つだった。

またあるとき、お寿司屋さんで板前さんに「おいしいものを下さいね」といったら、いきなり怒り出して「うちにはおいしいものは何もないんだよ！」と怒鳴られたこともあった。

当時の私としては、いずれも理由はわからなかったが、そんなことが続いて、十条での生活がだんだんと嫌なものになっていった。

それからまもなく私は十条を引っ越した。以後、十条のことはあまり考えないようにしていったこともあって、それらの嫌な体験はいつしか記憶から消え去っていった。

私がようやく十条での体験の意味を理解することができたのは、それから数年後のことだった。そのきっかけは、当時と似たようなシチュエーションで、ある韓国人がとった振る舞いや発言に、私自身が実に嫌な気分をもったことだった。その韓国人に私は当時の自分を見たのである。

あのころの私は、八百屋さんに行けば「いい野菜を下さいね」「新鮮なものを下さいね」、美容院に行けば「きれいにして下さいね」「かっこうよくして下さいね」などと声をかけるのが常だった。韓国ではそれが店の人への親しみの表現であり、ごく普通の挨拶みたいなものだった。

しかし日本人にはそんな感覚は通用しない。店に来るたびに「いい野菜を」「新鮮なものを」といわれ続ければ、何て厭味《いやみ》なやつなのか、ということになる。同じことが美容院や寿司屋についてもいえただろう。また八百屋さんでは、韓国流にいちいち品物に触ってみる癖が生理的な反発を感じさせもしたことだろう。

韓国では、物をつくる人、物を売る人を一段下に見て蔑視《べっし》する風潮がある。また、つくる人や売る人のほうにも、いい加減なものを平気でつくったり売ったりする傾向が強い。そのため、商人は信用できないというのが世間の常識となり、品質について念を押したり、自ら商品に触って確かめるふりをしたり、というやりとりが一般的なのである。

おそらく十条時代の私は、親しさを示しながらも、無意識のうちに一段上に立ったような姿勢や態度を同時にあらわしていたと思う。八百屋さんのご主人や美容院の人は、そんな私の態度に、いたくプライドを傷つけられたのである。それがこうじて、販売拒否の態度に出たのだったと思う。

大学入試に失敗する

日本に来た翌年の春、私は日本の大学への編入試験に失敗してしまった。

韓国で臨床病理《りんしょうびょうり》を専攻していたことから、単純に臨床病理か生化学の方向でいくつかの大学に挑んだこと、しかも一流大学ばかり選んで受験したことが、うまくいかなかった原因だった。日本語の読み書きには問題はなかったが、さまざまな点で日本で要求される知識と韓国でのそれとの間にズレがあって、その点をいいかげんに考えていたため、勉強のやり方をまったく間違えてしまっていたのである。

どうしたらいいかすぐにはわからず、いったん韓国に戻り、かつての指導教官に相談することにした。

指導教官は私のことをよく覚えていて、次のようなアドバイスをして下さった。

「これまで臨床病理方面のことをやってきたからといっても、それは本当にあなたがやりたいことなのですか？　あなたは自分の方向を簡単に決めすぎていますよ。私が見るかぎり、あなたには机に向かって顕微鏡を覗《のぞ》いているよりも、国際的な社会や経済の舞台で活動するほうが似合っていると思います」

また、貿易会社を経営している知り合いの人と会ったおりに、こんなこともいわれた。

「これからは、間違いなくますます日本の時代になる。日本の未来は魅力的だよ。日本で貿易の仕事か何かできるような方向で勉強したらどうかな」

二人のアドバイスを受けた私は、ベースとしてはまあまあ自信のある英語を手がかりに大学に入ろうと決めた。韓国で臨床病理学を専攻したのも、その当時に可能性のあった西ドイツへの留学にからんでのことだったから、とくに執着はなかった。アメリカのことしか頭になかったから気にしなかったが、日本はすでに世界の超経済大国の地位を確実なものにしているではないか。韓、日、米を行ったり来たりするような仕事はいくらでもあるだろう。

そんな漠然とした気持ちで、来年度の受験のための勉強に向かって行った。

外国人クラブの体験

そのころ私は、ある英語学校の教師たちが主催する「外国人クラブ」へよく顔を出した。そこは、英語圏の外国人たちが主人となり、英語に興味をもつ日本人たちが客になるという形で、テーブルを囲み、お茶を飲み、英語で気楽な雑談に花を咲かせることを目的に、いわば「たまり場」としてつくられたものだった。

私の狙いは、英語の上達もあったが、それよりも日本で生活する欧米人たちと話をしたい、というところにあった。彼らが日本での生活をどう感じているのか、日本の社会や日本人にどんな印象をもっているのか、それを聞いて、私の気持ちを話し、意見を交換し合いたかったのである。また、日本人もいるわけだから、彼らからもいろいろ話を聞きたかった。

まさしく狙いどおり、私はそこで、実に多くのことを学ぶことができた。自由な雑談だから気にすることは何もない。私はそれまで心のなかにあったうっぷんを、そこではぶちまけるだけぶちまけた。すると、それに対していろいろな意見が返ってくる。そこから議論がはじまる。

週に一回だったが、毎週毎週、その日が来るのを楽しみにしていた。

ここでは主に、滞日の欧米人たちと日本人の悪口をいい合い、溜飲《りゅういん》が下がる、といったことになっていた。

たとえば、外国人勢は「日本人は親切なのだが、物事をはっきりいわない。だから裏では何を考えているかわからないと気味悪く感じている外国人は多い。これは直さないといけない」という意見で一致する。それに対して日本人は、「はっきり物をいわないのは相手を傷つけないためだ」というものの、「それで外に通じないのなら、やはり島国根性は直さなくちゃいけない」とだいたいは外国人勢に同調する、といったパターンだった。

それでも、日本人との付き合い方では参考になり、実際に役立つことをたくさん教えられもした。また、西欧人の考え、発想というものが、いかに日本人や韓国人と違うものかということを、はじめて肌身に感じることができたのも、この体験からだった。

このとき盛んに議論したなかに、「なぜ日本人の夫婦は別々の蒲団《ふとん》で寝るのか」というのがあった。欧米人の夫婦はダブルベッドで寝るし、韓国人の夫婦はダブル蒲団で寝る。それが夫婦というものじゃないか。ところが日本人の夫婦は一つの蒲団に寝ない、しかも別々の部屋に寝る夫婦すら多いという。なぜ夫婦が夫婦らしくしないのか、まったく素直じゃない、わざわざ夫婦間に距離をおくなんて、人間としておかしいんじゃないか、というのが欧米人たちの一致した意見だった。私自身もまったくそうだと思っていたから、わが意を得たとばかりに「日本人はおかしい」を連発していた。

またこのころ、日本語学校で知り合ったアジア人たちの夏休みの帰郷に合わせて、東南アジアのいくつかの国へ旅行した。

欧米人、中東人、東アジア人、東南アジア人など、さまざまな国の人々と盛んに接したのが、この時期であった。

習慣の違いへの生理的な嫌悪感

まもなく大東文化大学外国語学部英語学科に入学。英語を一から勉強し直し、また北米地域の文化や社会の勉強に精を出そうと、日本での大学生活のスタートを切った。

日本語学校には韓国人が大勢いたが、大学では私が英語学を専攻したため、まわりに韓国人は一人もいなかった。大学生活を楽しく過ごすには、まずは同じクラスの日本人と仲良くしていかなければならない。日本語の会話もかなり上達して、普通に話が通じるようになってきてもいた。

日本に来て、二年過ぎていたから、自分のほうから積極的に人間関係をつくっていかなくてはならない、と思いはじめるころである。日本と日本人との本格的な接触がはじまる時期である。

こうしてしだいに日本人との深まりが生まれてくると、さまざまな行き違いがよりいっそう切実味を帯びていくことになる。

仲良くしていこうと一歩足を踏み出せば、踏み出しただけズレを体験する。「どうも日本人とはうまくいかない」という感覚がジワジワと湧き出てくる。

それらのズレの大部分は、まことに些細《ささい》な日常行為に属するものだが、その小さなことが心的な体験としては大問題となってくるのである。

たとえば、食事作法の違いである。韓国ではご飯茶碗を手でもって食べるのは、たいへん行儀の悪いことである。ご飯もお汁（スープ）も食卓に置いたまま、スプーンですくって食べるのが韓国での食事作法である。

しかし日本人は、お茶碗を手にもって食べるし、お汁の入ったお椀《わん》も手で口に運ぶ。それが日本の作法だとわかっていても、見知った者に目の前でそうされると、生理的な嫌悪感を抑えることができない。

日本人はなぜそんなふうにするのか、嫌な人たちだ、およそ考えられないことだ、そんなおかしな行為は認めたくない……。

「これが普通」「これが正しい」という習慣感覚は、自分が幼いころから身につけてきた行儀作法の体系に秩序づけられている。だからその違いを認めなくてはならない。そんなことはわかっている。しかし、それらの習慣には生理的な心地よさや心地悪さの気分がしみ込んでいるから、理屈とは別に、どうしても嫌なものは嫌なもの、となるのである。

西洋人ほどの距離があればいい。外国人だからと客観的にみつめられる。しかし、見ただけでは何ら違いのない日本人となると、容易に意識を客観化できないのである。

これは逆に考えれば、日本人は、ご飯茶碗やお椀を食卓に置いたまま食べる私を見て、何と行儀の悪い食べ方なのだろうかと、眉《まゆ》をひそめたに違いないのである。

こうした細かな習慣のズレの体験が積み重なり、日本人に対する違和感がだんだんと大きなカサブタのような煩《わずら》わしさへと成長していくのである。

それでも、目に見える違いについては、何とか見よう見まねで「振り」をしながらやっていくこともできる。が、やがて目に見えない価値観や発想の違いとなると、そう簡単に「郷《ごう》に入っては郷に従え」というわけにはいかないことがわかってくる。

消しゴム事件

大学でとても気の合った日本人の同級生がいた。彼女とは、いつも授業は隣り合って座り、食事に行くのも買い物に行くのも、トイレに行くのも一緒という仲だった。

にもかかわらず、私はずっと不安な気持ちを抱えていた。

たとえば、韓国では仲のよい友人とは腕を組んだり手をつないだりして歩くことが多いものだが、私がそうしようとすると、スッと逃げられてしまう。そのとき、ヒヤッとした冷たい空気が流れるような気がして、「私のことを嫌っているのでは」と思って彼女をみると、いつものように親しげなニコニコとした顔をしている。この、「どうもよくわからない」という気分を何とか超えられないものかと思った。

また彼女は、二人で並んで勉強しているとき、私のほうに彼女のノートや教科書がはみ出していると、「あっ、ごめん」と、自分の手元に戻すのである。私は「いいよ」というのに、何かそこに二つの世界を区切る境界線でも引かれているかのように、常にはみ出しを気にしているみたいなのだ。

また、私の消しゴムなどを借りるときにはいつも、「ちょっと、貸してくれる?」と聞くのである。返すときも「ありがとう」という。そのたびに私は、「この人は私のことを本当に友だちだと思っているのだろうか」と不安な気持ちに襲われるのだった。

友だちの間でそんな距離をとるなんて、いったいどういうわけなのか。親しいと思っているはずの仲間からそうされることが、私にはとても寂しく感じられていた。

私のほうはというと、彼女の消しゴムが横にあれば、まるで自分のもののように断りもなしに、また「ありがとう」の言葉もなしに、スッと手に取って使っていた。消しゴムにかぎらず、彼女の筆箱のなかのものは鋏《はさみ》でも鉛筆でも、勝手に使っていたのである。それが韓国では仲のよい友だちどうしでの流儀なのだった。

そういう私に耐えかねたのか、ある日、例のごとく彼女の消しゴムを手に取った私に対して、彼女は明らかにムッとした表情を示した。なぜそんな顔をするのか、私にはわからない。無言で絶交をいい渡されたのかもしれないと、いいようのない暗く沈んだ世界に一人取り残された気分に陥ってしまった。

しかしそれは一瞬のことで、彼女はすぐもちまえの笑顔に戻り、冗談話などを仕掛けてくるのだった。

こんな、何が何だかわからないままの日本人との付き合いが、長い間続いた。

日本では「親しき仲にも礼儀あり」を重んじるが、韓国では逆に「親しき仲には礼儀なし」を重んじる。

韓国では、仲のいい間柄、家族同様の間柄には、距離があってはいけない、それはとても失礼なことなのだ。私の物はあなたの物、あなたの物は私の物、そうしてこそ、本当に親密な関係といえるのである。

日本語学校で知り合ったアジア諸国の人々からは、こうした違和感はほとんど感じることはなかったから、「韓国流」に対して「日本流」があろうとは、思ってもみなかった。

そういう自分が浅はかだった。しかし、あちらも、まさか私の行為が「韓国流正当行為」だとは思いもせず、何て無神経な人かとイライラしながら、懸命にがまんしていたのに違いない。

弁当事件

消しゴム事件から受けた寂しさは、さらに弁当事件によって倍加されることになってしまった。

大学の昼休み、仲のよい者どうしがお弁当をもちよって食べる。私は日本人たちがなかなか距離を縮めようとはしないのを、私の努力が足りないからだと思った。そこで、もっと積極的に自分のほうから距離を縮めていこうとした。

そこで私は、友だちのお弁当をのぞきこみ、「おいしそうね」といっておかずの一つに箸を伸ばして、ポンと口に入れたのである。

そのとき、彼女は本当に嫌な顔をした。いあわせた全員からの、明らかに冷たい視線を全身に感じた。もう私はどうしていいかわからず、下を向いて押し黙ったまま、黙々と弁当を食べるしかなかった。

韓国での親愛の表現が、日本では他者への配慮を欠いた無神経でずうずうしい態度となってしまう。韓国では、友だちから「おいしそうね」といわれておかずに箸を伸ばされれば、それはとても嬉しいことなのに、日本では、それは実に無遠慮で勝手すぎる行為なのである。

日常生活の大部分は無意識の習慣行為から成り立っている。この無意識のつくられ方が違うところで、それぞれの行為の意味が微妙に違ってくるのだが、「いいこと」と「悪いこと」が正反対となることがある。日韓の間では、それがとくに多いように思う。

「じか箸」を嫌う日本人

たび重なる行き違いで何か関係がぎくしゃくしてきた。私は名誉挽回《めいよばんかい》を期して「韓国料理を御馳走するから私のアパートへ来ない?」と何人かの友だちを誘った。みんな喜んで

「行く、行く」という。

人が集まるとなれば鍋料理である。みんなで寄り合って鍋をつつく。こうして和気あいあいとなり、見知らぬ人とも親しくなれるというのは、日本でも韓国でも変わりがない。

そういう話は聞いていたから、「これでいこう」ということで鍋料理を考えたのである。「ちょっとみんなには辛《から》いかな」という私に、「いや、辛いのは好きよ」「私も平気よ」という具合に、場のムードは盛り上がった。

鍋はみんなが取り囲む食卓のうえでグツグツと煮え立っていた。「もう、そろそろいいわよ」と私。が、だれも鍋に手を伸ばさない。日本人の遠慮か、嫌になっちゃうな、と思いながら、まず私がスプーンでスープをすくい、そのまま口へもっていって「うん、大丈夫、十分おいしくなっているよ」とみんなにすすめる。

「どうしたの、おいしいよ。遠慮しないで食べてよ」

私がそういうと、やがて箸《はし》が出はじめたが、見ると、だれもが鍋のものをいったんご飯のうえに置き、それからもういっぺん箸をつけて食べている。

このとき私は、泣きそうな気持ちになってしまった。

そんなに、韓国人と一緒に「じか箸」をするのが嫌なのか、そんなに、日本人は韓国人を汚い人間と思っているのか……。

私は韓国料理だからと、日本のように取り皿を用意しなかった。韓国では料理を食べるときに取り皿を使わない。鍋料理を囲むときは、各自が自分のスプーンを直接鍋に入れ、そのまま口に運ぶ。そのスプーンをまた鍋に入れては食べるのである。こうして食べ合うのが親しい間柄の食事なのだ。

韓国では醤油《しょうゆ》も味噌《みそ》も一つの皿に入れ、それに刺し身でも肉でも、みんな一緒につけて食べる。

日本では、そうした食べ方はとてもはしたないもの、と嫌がる。取り箸と取り皿を介して食べる。最近は少々崩れてきたとはいえ、それが日本人に身についた習慣だ。それが私にはとても冷たく感じられたのである。

友だちに冷たい日本人という印象

こうしたことに加えて、一番仲のよい、例の消しゴム事件の彼女が、自分の悩みや苦しみを私に話そうとしないのが、私には大きな不満だった。

他人にはいえない悩みを話せてこそ友だちではないか。それなのに、彼女の話といえばほとんどが軽いものばかりではないか。それは、私のことを軽く考えているからではないのか……。

そんなふうに思うのも、距離感覚ゼロの間柄こそ親しい友だちだという「韓国流」の意識があるからだ。ただ、これについては、「日本流」がわかり、それなりに納得できてからも、問題は容易に解消することはない。いくら「日本ではこうだ」と思っても、べったりと友だちの心に張りつけない寂しさが残るからである。

日本人と比較していえば、韓国人の友だち関係は実に情熱的だといえるだろう。少し付き合ってみて、親しくなりたいと思い、相手もそう思っていると感じられたら、まず自分だけしか知らない心の秘密を話す。相手にも話してもらう。これで友だち関係が成立するのである。それをしない間柄は、友だちでも何でもない。

困ったことがあれば何でも友だちに相談し、相談を受ければ友だちのために精力的に動こうとする。相手に面倒をかけることが嬉しいし、面倒をかけられることが嬉しい。気持ちとしては「命をかけて友だちを守る」と思っているのである。しかし、それが強くなれば、独善的なものにもなってしまう。

それに対して、日本人の友だち関係は、ほのぼのとした温かさが伝わるような感じがいい、ということのようだ。また日本人は、「友だちに迷惑はかけられない」といういい方をよくする。

深い悩み事があっても、それで友だちを巻き込むようなことがあってはならないと考えるから、簡単に相談しようとはしない。相手に負担をかけることを、極力避けようとするのだ。これは、韓国人の友だち関係とはまったく反対だといってよい。

日本にいて私がもっとも辛《つら》かったのは、この友だち関係のあり方の違いだった。私は学校に行くのが苦痛になるほど落ち込んで、こんなに窮屈な日本にはもういられない、一刻もはやく帰ろうと何度も思ったことがある。

フランスのパリへ

大学に入ってからというもの、私は日本人とできるだけ接近しようと、精力的な付き合いを展開していった。こうした積極性というか社交性は私の性格だと思うが、その方法は、そのままの自分をぶつけるという実にオーソドックスなものだった。韓国ではおおむねそれでうまくやってきたのだが、そこに文化・習慣の違いというものが入ると、まったく逆効果になってしまうことが多々あるのだった。

そうした行き違いがなぜ起きるのかは、だんだんとわかっていったが、さきほども述べたように、「頭でわかっても身体がいうことを聞かない」という問題を、どうしても超えることができない。

理性的には「文化・習慣の違いだから」と自分を納得させても、いくらか和《やわ》らぎはするものの、生理的な嫌悪の情は凝《しこり》のように内部に残ったまま消えることがない。それに、自分だけが孤立しているという寂しさ、この砂漠のように乾燥した心をどうにも潤すことができないのだった。

できることならば日本を離れたいと思った。しかし、韓国に帰ってしまえば、私は自ら敷いた新しい人生の道の入り口で挫折したことになる。それは意地でもできない。

そんなどうしようもない気持ちを、私は日本人にいえないまま、東京の日本語学校で一緒だったフランス人の友だちに以前からぶつけていた。友だちは「自分も間もなくフランスへ帰るから、しばらく来ればどう？」といっていた。

それを思い出して、私はフランス人の友だちにこんな手紙を書いた。

単なる観光目的でフランスへ行きたいというのではない。しばらくフランスでお世話になり、できればイギリスへ行って少しの間でも英語の勉強ができれば嬉しい――。よろしい、まかせてくれ、という返事が来て、私は夏休みがはじまる少し前にフランスへ渡った。

友だちの家はパリにあって、私はその近くのホテルに陣取り、しばらく滞在し、その間、主にパリ市内のあちこちを案内してもらって回った。友だちは日本からの帰国後、九月まで大学を休学中だったため、私のために多くの時間を割いてくれたのである。

常宿《じようやど》にしたのは小さなホテルだったが、一泊二千円という安さ。物価も日本よりは大分安かった。

パリの店はどこもオープンで気楽に入れたので、よくあちこちと冷やかしながらの商店探訪をやった。シャンゼリゼの大通りを歩いていて、疲れればスッとそのままオープン・カフェの椅子に座って休む。夕暮れ、古い街並みの雨に濡れた石畳の道を歩けば、いつか別れた人に出会えそうな、センチメンタル・ジャーニーの気分に浸《ひた》る。

パリでそんなきままな時間を過ごした後、友だち一家の知人のイギリス人宅にホーム・ステイしてロンドンの英語学校に短期間通うことにした。

ロンドンの英語学校

英語学校はバッキンガム宮殿のすぐ隣にあった。そこには、英語圏ではない国から来た西ヨーロッパ人、東ヨーロッパ人、中東人、アジア人などさまざまな国の人たちがいた。日本語学校ではアジア人が多かったのに対して、英語学校では特に西ヨーロッパ人が多かった。私は以前からこんな環境が欲しかったんだと思った。国際社会という言葉がそのまま現実になったような感じ。みんなたどたどしいながらも、とにかく英語でさまざまな国の人たちといいたいことを話し合えるのだから楽しい。

文化や習慣は、それぞれ恐ろしいほど違うはずなのに、いや、だからこそだろう、日本でのように、解きほぐしようもなく入り組んだ行き違いに悩むようなことはまったくなかった。

同じ教室の仲間とはすぐに仲良くなり、お互いの住まいをしきりに行き来した。今日はスペイン料理、明日はアラブ料理、次は私のところで韓国料理と、ひとしきり楽しい日々を過ごした。

ときたまフランス人の友人がロンドンに顔を出し、私もときたま新しく知り合ったイタリア人やハンガリー人を伴ってパリへ出る。そんな、ドーヴァー海峡をはさんでの往復も楽しかった。

そんなこんなで、ヨーロッパに来てから、あっという間に数カ月が経ってしまった。日本で悩みながら生活していたことからすると、ロンドンを基地にした生活は、精神的には快適そのものだった。ホーム・ステイ先の家族とも親しく付き合うことができたし、とくにその家の奥さんは、私を娘のように可愛がってくれた。

立ち去り難く、もう少し長くいたいと思ったが、お金もそんなに続かないし、日本の大学にも戻らなければならない。このままずるずるといることは、それこそ中途半端を続けるだけだ。

それにしても、日本を離れ、ヨーロッパと比較しながら、日本人や日本の社会を客観的に考えてみることができたのは大きな収穫だった。

多くの日本人が描く夢はまことにささやかだ。部屋に花を飾って「夢がある」というほどのもの。しかし、そういう人たちが、とてつもない経済大国をつくってしまった。とてつもなく秩序の安定した、世界に類例のない豊かで平等な社会をつくってしまった。フランスにもイギリスにもない、小さな夢と大きな現実が日本にはある。
そんなふうに考え、本腰を入れて日本生活に挑戦していこうと思った。

第2章 どこまでも深い日韓の谷間

――アイデンティティの喪失

貿易商社でのアルバイト

日本に帰って間もなくの一九八五年十二月、私は日本生活に本腰を入れるため、ある貿易商社でアルバイトをすることになった。これが、私にとっての決定的な人生の転機となった。

その会社は、貿易商社とはいっても、従業員が数名という、主に日韓の貿易を取り次ぐ小さな商社だった。アルバイトとしての私の主な仕事は、その会社が主催して全国のデパートやさまざまな催し物会場で展開する「韓国物産展」の案内係だった。

私は会場を訪れる日韓双方の人たちを案内し、商品の説明などをする係だった。でも、仕事はそれだけではなく、会場の下見から、物品の梱包、運送にはじまり、会場の設定をして開会にこぎつけるまでの、いっさいの仕事に携わった。

一つのデパートが終わればすぐに次のデパートという具合で、猛烈に忙しかったが、そのおかげで日本各地を回ることができた。例の行き違いからトンチンカンなことも多かったが、韓国人の先輩もいたし、日本人の社長も韓国のことはよく知っていたから、仕事のことで悩むということはそれほどなかった。

悩むことは少なかったが、怒られることは多かった。

きちんと挨拶をしなさい、その電話のかけ方は何だ、そんな場合日本ではこういうんだ、そういうところが韓国人のだめなところだ、それが失礼なことになるのをあなたは気がついていない、もっと相手の心を思いやりなさい……。ズバズバいってくれた。

この間、なぜそこまでしなければならないのかと不思議に思ったり、大変だなあと感じたりはしていたが、日本の礼儀作法やら習慣やらを実地に身体で覚えさせられたことが、どれほど自分のためになったかは、計り知れないものがある。

それでも、理解しがたく感じたこともたくさんあった。

陶磁器を箱に入れるとき、陶磁器が動いて壊れないように、私が新聞紙などを詰め込んでいると、「そんな物を入れちゃいけない、そのためにこの柔らかな紙があるんだよ、どうしてこれを使わないのか」と怒られた。また、箱の本体とふたにかけて押す印がきれいに合っていないといけないともいわれた。そして、しきりに箱の材質や木目などに気を使うのである。箱は単に物を運ぶ手段にすぎないのに、なぜそこまでするのかがわからなかった。

そういうこともいろいろあったが、その半年ほどの間は、仕事をやっていることが楽しくて、行き違いのほうはそれほど気にせず、悩むことは少なかった。

仕事か家族か、二者択一の選択

急速に日本人との付き合いが深くなっていくと、どんどん内面的なものが見えてくる。アルバイト先でも大学でも、息を合わせてやっていかなければならない人たちがふえてくるころに、最大の問題があらわれるのである。一つが価値観の違いであり、もう一つが美意識の違いである。

極端にいえば、私が白と考えることを、日本人は黒だと考える。その人だけの個性かと思って、ほかの日本人にも聞いてみると、やはりみんな黒だという。そんな状況にたびたび遭遇することになる。

たとえば、ある会社の社長が、この日をどう乗り切るかで会社が倒産するかどうかが決まるという、まさにそのとき、社長の父親が重病で入院した。さて、その日社長はどう行動したらよいだろうか。

郵便はがき

料金受取人払郵便

麹町支店
承認

2154

差出有効期間
平成26年1月
19日まで

102-8790

212

東京都千代田区五番町4－5
五番町コスモビル
ワック株式会社
出版局 行

小社の書籍を直接ご自宅にお届けします。

本代+何冊でも着払い手数料200円のみで、宅急便の代金引換払いでお届けします。下の欄に記入してお送り下さい。
また、お電話でのご注文も承っております。

お名前《フリガナ》		年令　　才
ご住所　〒		
TEL　(　　)　　FAX　(　　)		
書　名	定価	冊数

ワック株式会社 出版局　http://web-wac.co.jp/
〒102-0076　東京都千代田区五番町4-5　五番町コスモビル
TEL 03-5226-7622　FAX 03-5275-5879

2013.8.12

話題の

日本を復活させる

安倍晋三は日本をどう変えるのか、これからの日本はどうあるべきなのか。〝知の巨人〟渡部昇一と〝先見の雄〟日下公人の初の激論対談！

定価94

ISBN978-4-89

「タバコと酒」の健康常識はウソだらけ

橋内 章

現役の臨床医が、最新の医学・科学情報から、タバコと酒に関する健康の基礎知識を分かり易く解説し、常識のウソとホントを明らかにする。

定価940円

ISBN978-4-89831-683-2

破綻 バイオ企業・林原の真実

林原 靖

岡山の世界的優良企業「林原」は、なぜ潰されたのか⁉ 弁済率九三パーセントの倒産の不可思議⁉ 敗軍の将、兵を語る！

定価1575円

ISBN978-4-89831-409-8

西郷隆盛 命もいらず 名もいらず

北 康利

〝力〟で世界支配を企む欧米諸国に対し、西郷がつきつけた国家観とは――。命も名も捨てて国難に立ち向かった「伝説の男」の生涯。

定価1890円

ISBN978-4-89831-404-3

話題の

数学を使わない数学の講義

小室直樹

なるほど！ 仕事に役立つ論理的発想のバイブル！

ISBN978-4-89831-082-3

定価1680円

誰も語れなかった沖縄の真実 新・沖縄ノート

恵 隆之介

私は殴り殺される覚悟で本当の沖縄を書いた！

ISBN978-4-89831-164-6

定価1470円

だから、日本経済が世界最強というこれだけの理由《わけ》

三橋貴明

世界最強の日本経済は、アベノミクスにより力強く復活！

ISBN978-4-89831-407-4

定価980円

日本経済は、中国がなくてもまったく心配ない

三橋貴明

「日本経済は中国に依存している」という常識は錯覚！

ISBN978-4-89831-402-9

定価980円

いよいよ、韓国経済が崩壊するこれだけの理由《わけ》

三橋貴明

サムスンに学べと言うバカ！ 韓国経済の真の姿を徹底解明！

ISBN978-4-89831-198-1

定価980円

「近くて遠い国」でいい、日本と韓国

渡部昇一・呉 善花

分かり合えない日韓の本質を衝いた痛快対談！

ISBN978-4-89831-677-1

定価980円

虚言と虚飾の国 韓国

呉 善花

社会崩壊の道に突き進む集団利己主義の国の真実とは……。

ISBN978-4-89831-669-6

定価940円

定

こんなふうに、二者択一の選択を要求される設問を出してみるとわかりやすい。

私が知るかぎり、日本のビジネスマンのほとんどすべてが「会社」を選ぶ。その理由は、と聞けば、だいたい次のように答えるのである。

「父親が死ぬかどうかは自分一人だけにかかわることだ。しかし、会社が潰れれば社員の家族を含めて大勢の人間が路頭に迷うことになる」

同じ設問を韓国人のビジネスマンにもぶつけてみたことがあるが、答えは聞くまでもなく、一様に次のようなものなのだ。

「会社が倒れても人が死ぬわけではない。当然、死ぬかもしれない父親のほうが大事だ」

これは、奥さんでも同じことだが、父や母となれば、儒教の孝の倫理からして、そうしない韓国人はまずいないといってよいだろう。

「たとえ親の死に目に会えなくとも、会社を守り仕事をまっとうすることが、日本では美徳とされているのですよ」と日本人の社長は私に説明するのだが、どうしても自分でそうする気持ちになるとは思えなかった。

韓国人の価値観では「家族」は最上位に位置するものなのである。もちろん、その背景には祖先への孝の倫理、血縁主義の伝統があるのだが、それはもう動かしがたい情緒となって身体にしみ込んでいるので、理屈ではないのだ。

こうしたことが、日本人と結婚した韓国女性の場合には、単なる設問としてではなく、しばしば具体的な形としてあらわれる。

彼女たちは日本人の夫に対して、よくこんな不満をもらす。

「夫は、私の家の行事になかなか来てくれない。お母さんの法事とか、兄弟の結婚式とか、仕事が忙しいといって来てくれないのよ」

その程度のことは、と日本人はいうかもしれない。しかし、韓国ならば、それで会社を休むのは当然のことなのである。休まないほうがおかしい人間、人の道をおろそかにする者、となるのである。

すぐに援助しない日本人

経済的に困っている親戚なり知人がいた場合、韓国人ならば、目の前でパッとあるだけのお金を渡すなりして助ける。しかし、日本人は、それをしない。そればかりか、お金をあげることに罪悪感さえ感じる人が多いようだ。

これも、当時の私には理解できないだけでなく、許しがたいことに思えた。

日本人の説明によると、人を経済的に助けてあげようとすれば、その人のうえに立って施しを与えることになり、失礼にあたる場合があるという。

およそ理解を絶していた。

それから少し経って、ある日本人が、私がクリスチャンであることを知って、聖書にもそんな教えがあるでしょう、と示唆を与えてくれた。

たしかに聖書には、困っている人に魚をあげてはならない、魚の釣り方を教えなさい、というキリストの教えがある。

私はこのときに、当時私が通っていた韓国教会の牧師さんのお説致を思い出した。その牧師さんは日本での布教について、こういったのである。

「日本人は実に正直で曲がったことをしない。礼儀正しく道徳的にもしっかりしている。それはまるで神さまのようである。神さまでない者が神さまのように振る舞うのが日本人だ。しかし、そういう生き方には限界がある。人は神にはなれない弱い存在なのだから、そのことを日本人に自覚させなくてはならない」

どういうことかというと、日本人は神になれるはずがないのに、神のふりをしようとする高慢な者たちだ、ということなのである。

私はこの牧師の言葉を思い出し、聖書の引用をする日本人を偽善者ではないかと疑った。神がいうごとく、それをできないのが人間ではないか。だから、韓国人のようにすぐさまお金で助けるほうが、本当の人間らしい善意なのではないか、と考えたのである。

そう理屈づけをしておいて、日本人はやはりケチで冷たい人間だと考えた。だいたい、兄弟間、親子間でもお金の貸し借りに借用書を取ることがあると聞く。それがその証拠だと、そう思っていたかった。

親しい相手に心を開かない日本人

日本に来て一年目では見えなかったことが、二年、三年と経つと見えてくる。とくにアルバイトをして現実社会に実際にかかわっていくと、誤解や行き違いが解ける一方で、やはり韓国にいるときに教わったように、日本人は冷徹《れいてつ》な野蛮人だった、という印象のほうもどんどん深まっていく。

日本人の友だち関係での距離のとり方についても、なぜかという理由を日本人の口から聞かされると、よけいに不信感がつのっていくのである。

先にも述べたように、韓国人は少し仲良くなれば、とにかくそれぞれの内面的な悩みを話すのがふつうで、それによって、信頼関係が生まれてくる。この人と気が合うなと感じたら、お互いに悩み事を話し合う。家庭のこと、恋愛のこと、自分の経済状態のことなど、いかに自分は大変な状態にあるかを話すのである。自分の苦しみを話すことは、相手を信頼して大切に思っているということの表現でもあるのだ。

ところが日本人は、いくら仲良くなっても、そんな具合には決して心を開かない。そんなことを話さなくてはならないような雰囲気になれば、極力それを避けようとさえする。この人たちは、いったいどうやって生きているのだろう、と思わずにはいられない。

あるとき、アルバイト先で知り合ったビジネスマンに、ズバリそのことを聞いてみた。するとその人は、「日本人は、よほどのことがなければ、個人的な問題は自分一人の胸のうちに秘めておこうとするものだ」という。

何て寂しい人たちなのかと思った。

またあるとき、取引先のとても人のよさそうな日本人の男性に、仕事を終えた会社の片隅で、私が自分の悩みとか心で迷っていることなどを盛んに話していて、アルバイト先の年配の上司からものすごく怒られたことがある。

「そんな愚痴《ぐち》っぽい話をそれほど親しくもない人にするなんて、とんでもないことだ」

上司はそういって、二度とそんな話をするなというのだが、私は親しくなれそうな人だからとそういう話をしたのだった。

そのときには、自分が自分でつくりあげようとしている人間関係に水をさされたと、心から反発の気持ちをもったものだった。

しばらくしてから上司がいうには、「愚痴っぽい人間は蔑《さげす》まれる。あなたの愚痴をその人が聞いたところで、どうすることもできないだろう」とのこと。私にしてみれば、愚痴をいったわけではなく、自分の悩みをこちらから積極的に見せることで、親しくできる人を増やそうと思ったのだと、そう上司にいった。上司はひとこと、「ここは韓国じゃない、日本なんだ」というと、久しぶりに食事に誘ってくれた。

「韓国人差別」の誤解の構造

会社の近くのレストランに入ると、私はその日本人の上司に、「本当に仲のいい人たちはどうしているのか」と聞いてみた。

「お互い、悩みを打ち明けるには、理解し合うための時間が必要だ」

年配の上司はそういって、「自分もそうだけど日本人は」と話を続けた。仲がよければいっそう、親友にはできるだけ負担をかけないようにするものだ、死ぬまでお互いの悩みをいわない場合だってある、いざとなれば頼りになるのはコイツだけだ、コイツが困れば身体を張ってでも助けるという気持ちを、軽く口に出したり、そんな態度を見せつけたりすることをとても嫌がるんだ……というような話を続けた。

そこで理解できたことは、「心の内面の真実を言葉や態度であらわそうとしない」ということだった。ならば、友だちの間で心を分かち合うにはいったいどうするのか。どうしてもわからなかった。

こんな日本人の、直接的な表現手段によらない心象風景は、大多数の韓国人には、まず理解できないものなのである。

アルバイト先の一人の韓国人は、一年も経たないうちに辞めてしまった。そのため、仕事の場でも大学でも、韓国人は私一人だけ。まわりに仲のよい日本人ができなければ、寂しくてならないのだが、親しくなろうと努力すればそれだけ、私のやり方が否定されてしまうのだった。

ここに一人、日本人と仲良くしたいと願っている韓国人がいるとしよう。この人は外国に来て、同国人のいない環境に置かれているので、人間関係をつくるにはまわりの日本人とでなければならない。そこで、まず韓国式の「仲良しになる方法」をぶつけることになる。いわばなれなれしい態度をとろうとするのだが、そうすると日本人は、サッと身をかわすのである。そして、その韓国人に一定の距離を置くようになる。そこで、その韓国人は「やはり日本人は私たちを差別しているのだ」と思うのである。

これが、韓国人が感じる「日本人の韓国人差別」の誤解の構造だといっていいだろう。

つい最近のことだが、ある日本人が私に紹介したい韓国人がいるからと、一人の女性を連れてきた。彼女は日本語学校を出て大学の研究生になったばかりだという。

彼女は同国人だという安心感からだろう、私に会うや、ベラベラと自分の悩みや生活の苦労について話し出した。まったく昔の自分を見る思いだった。客観的にいえば、話の内容はとりたてた苦労話でもなく、日本に飽きたとか、生活がどうもおもしろくないとか、どうでもいいことで、他人に聞かせるような話ではないのである。

ああ、これだ、私がかつての上司に愚痴をいうなといわれたのは、と思った。自分としては、深い悩みや心の秘密を話しているつもりなのだが、実際にはまるっきり愚痴なのである。私が彼女にいったことは、「もう少しがんばって日本生活を続けてみて下さい。必ず日本人との理解が深まり、開けてくるから」であった。

彼女も当時の私同様、誤解や思い違いの連続から、「日本人はみんな韓国人を差別している。絶対に日本人の仲間には入ることができない」と思っているようだった。韓国で、「日本人は外国人に対して閉鎖的な民族だよ」といわれていたことが、「ほら、ごらん」という感じで、彼女の心を占拠しているに違いなかった。

神社への抵抗感

東京、この超近代的な都市のいたるところに神社がある。

アルバイトをするようになって、一年経ったころから私が住むようになった新宿・歌舞伎町の繁華街にも小さな神社があった。この神社の存在が、わけのわからない日本人をそのままあらわしたように感じられ、長い間私を悩ませていた。

私がクリスチャンであることも、神社を忌避《きひ》したい感覚をもった原因の一つだったと思う。私の通っていた新宿の教会では、神社はキリスト教の敵であり、悪魔の巣窟《そうくつ》である、この神社を排除して、そのあとに十字架を立てることが神さまから私たちに与えられた使命であると教えられていた。そのため、日曜日ごとに教会で、神さまどうか日本の神社を葬って下さい、とお祈りをしたものである。

韓国教会の牧師からいわれたそのままに、「日本には八百万《やおよろず》の邪鬼がいる、これを追い出さないと日本の未来はない、それが日本にいる私たちの使命だ」と、真剣に考えていたのである。

当時私が住んでいたマンションは、窓を開けるとたくさんの緑が目に入り、夏にはセミの鳴き声が聞こえ、とても気持ちがよかった。しかし、そこは神社の境内だったので、これが悩みの種ともなっていた。

そこで、教会に通う韓国人の仲間たちが私の住居に来れば、窓を開けて神社の境内を見下ろし、みんなでいっせいに「悪魔よ、出て行け」と叫びながらお祈りをするものだから、管理人さんに「どうか静かにして下さい」と何度も頼まれていた。

神社は薄暗くてとても気味が悪かった。一つには、神社が私の故郷・済州島の巫女《みこ》たちがやる、「クッ」という一種のシャーマニズムのお祭りをやる祭場を思い出させるからである。そこは、決められた祭りのときにしか入ることができず、ふだんは悪霊《あくりょう》が憑《つ》くからと、だれも近寄ることをしなかった。

「クッ」の祭場は街から離れた海岸の岩屋であったり、深い山のなかにあったりして、ふだんはだれも近づかない。子どものころ、そんなところに迷い込むと、朽ち果てたしめ縄や薄汚れた白い紙（日本の御幣《ごへい》）がたれ下がっていて、背筋がゾッとしたものである。そんな記憶が日本の神社にオーバーラップしてくる。

ところが、知り合いの日本人たちは、たしかに神社は神聖な場所であるが、暗いイメージはないという。それどころか、正月にお参りに行くとか、子どものお宮参りや七五三の祝いに行くとか、出店なども出る楽しいお祭りの場、晴れの場所だというのである。「クッ」の祭場には死のイメージがつきまとっているが、多くの日本人にとって死と神社はなぜか結びついていない。

神社は一般的には、家内安全、商売繁盛、無病息災などをお願いする場だという。とくに自分のほうから宗教的な義務を果たす必要もなく、とにかく晴れ晴れとした心でいいことばかりを祈ればよいようなのだ。

そんな宗教なんてあるものか、と私は反発していた。本当にそうなら、まさに、私が悩んでいる日本人の冷たさに通じるというものだ。友だちとはニコニコした楽しい部分だけで付き合おうとし、こちらの悩み事の相談には、容易に耳を傾けようとはしない――そんなふうに日本人を感じていたから、まさに神社は日本人そのものだとも思えた。

どんな宗教にも、神から与えられる試練というものがある。また宗教は、人間の内面の悩み苦しみの解決と無関係ではない。キリスト教では、神の前で真実の告白をして許しを請う。そうやって、自らの孤独な魂を真に癒《いや》してくれるのは、かぎりない神の愛のほかにはない。それが信仰というものではないかと考えていた私が、内面の傷を癒すものとも思えないただお願いだけの宗教なんて、そんなもの宗教でも何でもないと感じたのは無理もなかった。

宗教の問題というより、これは人間の本質にかかわる問題だと思った。日本人と神社との間にあるいいかげんな宗教観――そうとしか思えない日本人の信仰なるものが、たまらなく嫌だった。

しかし、不思議で理解しがたい日本人の謎をとくかぎは、もしかするとそこにあるのではないかとも思った。ここがわかれば日本がわかる、ここがわからなければ日本はわからない、そんな感じがして、嫌な思いでいながらも、神道や神社にはずっと関心をもち続けていた。

無意識のうちに相手を身内世界に取り込む

日本という国が、韓国から遠く離れたアフリカとか南アメリカなどにある国ならば、また日本人が欧米人とかアフリカ人などのまったく異なる民族であったならば、私はこれほど深く悩むことがなかったはずである。

もっとも大きな問題は、日本人と韓国人が、人種的にも文化的にも、世界でもっとも似ていて近い関係にあるため、無意識のうちに外国人意識をなくしてしまうところにある。実際、私自身、日本人とずっと話をしていると、いつしか相手が外国人だという意識が薄れていて、つい韓国語の単語をまじえたり、韓国人にしか通じないいいまわしをいってしまったりして、相手が理解しないと腹が立つ、といったことがしばしばあった。

それは日本人にしても同じことだ。あるとき、私とずっと話をしていた日本人が、いきなり「それはまさしく江戸の敵《かたき》を長崎で討つですね」（意外な所で昔の怨《うら》みをはらす）といって笑い出した。私が「何ですか、それ？」というと、その日本人は「えっ、知らないの？」

といって一瞬蔑《さげす》むような顔をしたが、すぐに笑顔になって「ああ、そうか、あなたは韓国人だったですね」といい、さらに大声を出して笑いだしたことがあった。

ようするに私たちは、無意識のうちに相手を身内の領域に取り込んでしまっているのだ。こういう事態は、私の体験からいっても、まず日本人と韓国人の間にしか起こらない、特有なものなのである。日本人と中国人との間でも、韓国人と中国人の間でも、まず起こらないことだ。

私たちには、相手を文化的・民族的に無意識のうちに身内世界に取り込んでしまう、無《む》作為《さくい》の錯誤《さくご》の意識がある。日本人と韓国人の間のさまざまな行き違いの大部分が、この無意識の身内世界のもとで起きている。外国人である以上、価値観が違うのは当然のことなのに、それが「人間ではない」とまで思えてしまうのは、この無意識の身内世界に相手を引き込んでしまっているからにほかならない。

私がようやくそのことに気づいたのは、来日してから五年後のことだった。

通りすがりの他人ならば、多少の行き違いがあったところで、その場だけのことだから気にもしないが、友だちになろうとした大学の同級生や、仲良くしようと、あるいは恋人になるかもしれないと思った男性との間に、超えがたい深い谷のあることを感じる苛立《いらだ》たしさには、耐えられないものがある。自分が礼儀正しく行儀よくしたことが、まったく逆にとらえられる。相手が欧米人などであれば、「違うのは当たり前」という感覚がはじめからあるから、そうした気持ちに陥ることはまずないといえる。

「来日二、三年」がもっとも日本を嫌になる時期

言葉遣い一つとっても、久しぶりに会った人に私が喜びと親しみを込めて何かいった言葉が、実は相手を傷つけていたりする。韓国流を理解しようとしない日本人がおかしいということは簡単だが、それでは私は孤独な日本の異邦人《いほうじん》であり続けるしかない。

いいことをしたつもりが、あとで周りから聞いてみると相手に悪いことをしたことになっていると、今度は罪の意識に私がさいなまれることになる。

あるとき、数人の友だちがいた場で、久しぶりに会った一人の女性に「ずいぶんやせたわねえ」といって、その場が一瞬しらけた感じになってしまったことがある。私は彼女があまりにもやせてしまったので心配していったのだが、あとでほかの友だちがいうには、「本人が気にしていることをズバリいっては可哀相だ」とのことだった。

実際、当時の私のように、「日本」と「韓国」とのはざまで、たくさんの人たちが悩んでいるのである。

国や民族の習慣の問題、人間同士の距離感の問題、歴史的な美意識の問題、さらにいえば、光や風のようなものをどのように感じるかといった感覚の問題、これらの一つひとつがかみ合わず、齟齬《そご》をきたしてくるのが、日本を知って二、三年のころなのである。

この段階では、だれも外国の文化・習慣や外国人に対する罵詈雑言《ばりぞうごん》は慎まなければならない。それは日本に対しても同じことだ。もっといえば、ごく普通の人々の生活のあり方について、たかだか二、三年知っただけで価値判断をしてはいけない、ということだ。

外国人が触れていく現地の人々の生活には、どれだけの深みが潜んでいるか、その洞察なくして、生半可《なまはんか》な知ったかぶりをいわれては困るのである。長年住んでいる者としては、まったく迷惑なのである。

私は、日本に来る韓国人に、日本にいるなら一年間までにしなさい、もっといるならば五年以上いなさいと、かならずいうようにしている。

韓国で聞かされていた日本のイメージが好転するのが一年目。

日本とぶつかり合うのが二、三年目。

日本のよさも悪さも、韓国のよさも悪さも、客観的に見えてくるのが五年目。おおよそ、私はこのように考えている。

日本滞在二年半の体験を綴った「日本誹謗《ひぼう》の書」

数年前に韓国で、韓国人女性ジャーナリストの書いた『日本はない』（日本語訳『悲しい日本人』たま出版）という本がベストセラーになったことがある。著者が二年半の間の日本滞在経験をもとに、めちゃくちゃに日本の悪口を書いたものである。いろいろな体験談を例にとって、日本人は人間じゃないといい、日本に滞在してよかったことは、自分が韓国に生まれた幸せを痛感したことで、自分は日本を永遠に恨みながら生きていきたいと結んでいる。

この本は韓国で百万部以上も売れた。それは、とりもなおさず韓国人の日本への関心の強さを示すものだ。内容は、たぶんに感情過多で読むに耐えない乱暴ないいまわしに満ちているのだが、私も彼女と同じように二年ほどで国へ帰っていたら、やはり同じようないい方をしたかもしれない。来日して二、三年経った韓国人ならだれでも感じる、錯誤ゆえの日本および日本人への偏見と不信感がこの本には充満している。

たとえば、こんな記述もある。

「あるとき地下鉄に乗って、三十名ほどの乗客を観察しながら、『いやあ、日本の女たちは本当にブスなんだなあ』と独り言をいっている自分を確認した」

彼女は、日本式の「お返し」にもひどく腹が立ったようだ。

彼女はある日本人の女性にお世話になるからと御馳走をした。すると、後日その女性は「今度は私が御馳走する」といい、自分が御馳走したものとまったく同じものを注文して奢《おご》ってくれたのだという。それについてはこう書いている。

「あとで聞いたのだが、彼女は同僚の記者に『理由なしに他人に迷惑をかけたくない。とくに外国人には』といったそうで、私は日本人に絶望を感じてしまった。日本人の割り勘精神は、人間関係をただの一度で終わらせようとするものだ。それで、その場で計算を終えてしまえば、お互いに損得がなくなるし、いらぬ誤解を受けなくてすむように関係を整理してしまうのである」

しかもそれに続けて次のように書く。

「どうしてもわからないのは、それほど他人に迷惑をかけたがらない彼らが、なぜアジアの弱い国々にあれほどの凄《すさ》まじい迷惑を与えたのかということだ。……なぜ、我が国の女性たち（従軍慰安婦）をそれほど残酷に踏みにじり蹂躙《じゅうりん》したのか。……いま日本人に最も至急なことは、まさしく彼らの過去を一億二千万日本人が割り勘にして、謙虚に清算することだ」

習慣の面では、たとえば、日本人が家に入るときに、靴を入り口に向けて揃えることなどをあげて、まったく人間としておかしな行為と批判して次のようにいうのである。

「ある中国人女子留学生から、中国語を教えてあげている学生の家に行ったとき、彼女が脱いだままの靴を、彼女にあてつけるかのように向きを変えて揃え直したその家の母親の傲慢《ごうまん》さと偏見に傷つけられた、という話を聞いたことがある。……日本人は乱れたところからやってくる妙なる安らぎをまったく知らない人たちだ。……枠にはまった日本社会に組み込まれ、それに慣れている日本人たちは、緊張がほぐれた安らぎを味わうことができないままに生きている」

こうした体験の結果、彼女は次のような結論にいたる。

「日本で二年半を過ごしたいまでは、日本を学んでも、日本のようになってもいけないという結論にいたった。もっとはっきりいえば、どんなことがあっても、日本のようになってはならないと思うようになった。その理由は、日本という国は、自分が考えていたような先進国ではなかったし、（人々も）そのように豊かに暮らしてもいない。しかしそれよりもっと大きな理由は、日本という国は正常な国ではないということだ。日本はきわめて異常な国だ。国家も国民もすべてが異常だ。……日本では、ない者はある者から受ける逼迫《ひっぱく》（押しつけて苦しめる）を当然のように思っているだけではなく、ある面ではこれを楽しんでいるようだ。まるで、熟達した奴隷や下人のように、彼らは喜んで従順する」

彼女が最悪の印象を抱いたままで帰国してしまったことは残念でならない。それにしても、彼女はいかにも幼い。幼い子どもが、自分がいかに正当かをいいたいがために、両親（韓国人）に向かって自分の気に入らない子どもの悪口をならべたて訴えている、そんなレベルの本になってしまっている。しかも彼女は、日本人のことを幼い国民だといっているのである。

語学教室の開校と日韓ビジネスコンサルタント業のはじまり

一九八五年の暮れからはじめたアルバイトだったが、ひとしきりデパートでの物産展を終えた以後はあまり仕事がなく、八七年の春ごろにはほとんど経営がたちゆかなくなってしまった。

私としてはせっかく仕事に慣れてきたところで、このまま会社がなくなってしまうのは残念でならなかった。何とかして会社を再建してもらいたいと願った。

私も必死だったから、何かアイデアはないものかと考えた。そこで、私自身にもできそうなこと、ということで、ひとまず日本人ビジネスマンに韓国語を教える語学教室でも開けないかと社長にいってみたのである。

社長はしばらく考えていたが、

「うん、それはいけそうだ。八八年にはソウルオリンピックがあるから、日本人ビジネスマン相手に韓国語を教えることには将来性がある。それに、あなたが通っている韓国教会の信者の多くが韓国から来たホステスたちだね。彼女たちに日本語を教える手もあるんじゃないかな」

社長も韓国語はペラペラで、ほとんど韓国人同様に読み書き会話ができる。私と二人で協力してやればいける、と踏んだのだろう。

そうしてはじめた語学教室のほうはひとまず成功といってよかった。しかしそれよりも、語学教室をやりはじめてから、さまざまに韓国とかかわりをもつビジネスマンたちと知り合うことになり、そこから新しいビジネスの話とのからみがいろいろと出てきたことが大きかった。

当時は、まだ日本と韓国とのビジネスはそれほど活発ではなかった。が、ソウルオリンピックを控えて、韓国のビジネス情報を求めている日本人、日本のビジネス情報を求めている韓国人はかなり多くなっていた。にもかかわらず、その間を取りもつコンサルタント活動は実に貧弱だという話を聞いていたので、さっそくその方面へと乗り出すことにしたのである。

こうして、アルバイト先の会社は、間もなく日韓ビジネスコンサルタント企業として再出発し、ほかに日韓語学教室と陶磁器などを中心とする日韓貿易を主な事業とすることで、十分に経営が成り立つようになっていったのである。

新規事業に転換して以後の私の主な仕事は、通訳・翻訳兼社長のアシスタントで、語学教室では当初、日本人に韓国語の会話を教え、韓国人たちには日本語の文法を教えた。

会社の規模は小さいけれど、得意先のほとんどが日本の一流企業だった。韓国は日本でも「漢江の奇跡」といわれた急成長をなし遂げ、時代はだんだんと韓国ブームになりつつあった。日に日に日本企業の韓国進出が盛んに行われるようになり、私もアルバイトながらものすごく忙しかった。

なかでも、ビジネス通訳の仕事は、何しろ一流の日韓企業の商談や会議や説明会などが主だったから、緊張につぐ緊張で疲労がたまる一方だった。社長がそばでいろいろと助けてくれるものの、あるとき社長が急用で出られず、私が一人で説明会の案内とともに通訳をやらなくてはならないことがあり、専門用語がうまく訳せずに大失敗をやらかしたこともある。

この時期は、明らかに自分の実力以上の仕事を強引にこなしていたと思う。頭はだめでも身体で判断する、そんな芸当をやったときもあった。

行くも地獄、帰るも地獄の感覚

仕事には生きがいが感じられ、かなり日本人への理解も進んではいったが、日本人の価値観に接するほどに、情が薄くて冷たいという感じが深まっていった。しかしその一方では、韓国人の甘ったれたベタベタとした情のあり方や、激しく感情をむき出しにする資質にも大きな抵抗を感じるようになっていた。そして、日本人も嫌、韓国人も嫌、となり、どちらにもつけない自分自身はもっと嫌、といった感じになってしまっていた。

精神的にも身体的にもひどく疲れ、仕事に向き合う気力も薄れ、病気がちになり、たびたび寝込むことも多かった。癒されたい気持ちでいっぱいになり、国へ電話をかけると、母や姉からは「あなたは結婚もしないでいったい何をしているのか」とひどく怒られる。大金を手にし、愛人の子どもを生んで暮らしている韓国人ホステスたちが幸せそうに見えて、うらやましくてならなかった。

日本からも韓国からも逃れたい、そんな気分で例の「外国人クラブ」へ出向いてみても、彼らは相変わらず「日本人は不思議だ」「日本人はどうも理解できない」と話しているばかり。きわめて客観的に、日本人とは一線を引き、浅瀬から日本人を眺めているだけなのだ。彼らの一人として、私のように深刻な問題にぶつかって悩んでいる者はいなかった。もはや、彼らとともに日本人の悪口をいい合って癒されるようなことはあり得るはずもなかった。

そのころの私は、近くの韓国教会で神さまに祈ることだけが、唯一、心の平安を取り戻すことができることだった。

そうした日々のなかで、仕事が忙しかったのは幸いだった。社会的な責任だけは何としても果たさなくてはならない、と思うからだった。とはいうものの、このままでは仕事にも限界がある。教会での祈りも一時的なきさめしかない。何とかして、こんな状態を脱することができないものか。それればかりを考えた。

こんな状態では、日本にいてもだめ、韓国へ帰ってもだめ。アメリカやヨーロッパに自分をおいて考えてみても、けっして根本的なところから心が癒される自分ではもはやないと思える。自分を変える。それしかないんじゃないかと思えた。

仕事の先々で知る日本人ビジネスマンたちは、とくに大きな夢をもたずとも、懸命に仕事に打ち込み、それでみんな生き生きとしている。それで実際、彼らは大きな事業をやってのけている。とにかく、彼らをもっと知ろう、彼らの感性を知りつくしてやろう。ひとまずは、そんなふうに思った。

日本人にも「異邦人としての悩み」があることを知って

アルバイト先のコンサルタント会社では、経営セミナー企業と提携して、月に一、二回、日本のビジネスマン相手に韓国ビジネス・セミナーを開いていた。そこでは社長を含む韓国事情通が、韓国にこれから出かけていく部長クラスの人たちに、韓国の経済・社会・文化事情を詳しく解説した。韓国セミナーはいつも好評で、高い受講料にもかかわらず、常に数十名の参加があった。私もその日のために情報を集めて、資料づくりや当日の応対で、目がまわるように忙しかった。私は、この仕事をしながら、情報収集能力やそれを分析する力がつちかわれたように思う。

こうなると、身分は学生アルバイトだとはいえ、もはや事実上の専従と同じことだった。しかし、月、火、水は学校に行って、木、金、土は会社の仕事をする。この日課だけは必ず守った。どちらも私には大事だからである。少ない時間をやりくりしながら、二つの仕事を両立させることは、韓国でいろいろと経験ずみだったからわれながらうまくできたと思う。また、私という人間は、どうやら目まぐるしい忙しさに生きがいを感じる質《たち》のようでもあった。

セミナーの当日は、参加者に資料を配ったりして、講義がはじまると、うしろで聞いていた。ビジネスの話が中心だったが、常々私が悩んでいる、日韓の行き違いについて話題になることが多かった。それに、セミナー参加者のなかには、実際に韓国へ行っていろいろなトラブルにあったり、ビジネス事故があったりして、個人的に会社に相談をもちこんでくる日本のビジネスマンも多かった。

そこで聞こえてくるのは、ちょうど私と反対に、日本人が韓国人との間で体験した、さまざまな行き違いに悩む声であった。

私が日本人の心のあり方にずっと悩んできたように、韓国に滞在した日本人もまた、韓国人の「心の奇怪さ」に悩み続けていたのである。

悩みは一方だけにあるのではない。異邦人として悩むのはお互いにあることなのだ。そんな当たり前のことに気づかされたのは嬉しかった。

韓国人ホステスに日本語を教える

先にも述べたが、会社からの要望もあって、日本のビジネスマンに韓国語を教えることになった。と同時に、韓国人のホステスやビジネスマンに日本語を教えることにもなった。

新宿の韓国教会で知り合った何人かの韓国人ホステスに聞いてみると、お店での日本語にはそれほど不自由はないのだが、お客からもらう手紙が読めないとか、ちょっと込み入った話になると酒場の日本語では通じないとか、漢字が読めないとか、そんな様子を知ることができた。

そこで、まず実験的に二、三人相手の個人教室を私のアパートで開いてみた。

この教室の評判が、パッと口コミで韓国人ホステスたちの間に広がった。ちゃんとした日本語学校に通っている人もいるが、半年通っても上達しないとぼやく者たちが意外と多いのだ。私は一般の学校のやり方とは違って、韓国人が理解しにくい日本人の発想のあり方を入り口にして教えていたのだが、先生がおなじような年ごろの韓国人の女だから、よくわかる、という評判が立った。

大学、ビジネス、語学教室と忙しさは倍加した。この日本で、自分が主体的に参加し、それに加えて会社が動いている、そう実感できることに、私は大きな喜びを感じていた。日本のビジネスマンに韓国語を教え、韓国人のホステスやビジネスマンに日本語を教える。教えながら、日本人からは韓国人との行き違いの、韓国人からは日本人との行き違いの悩みを、さんざんに聞かされる。

韓国人ホステスたちの悩みは、日本人の彼氏との悩みが多く、また結婚している人もいて、彼女たちは日本人家庭での嫁姑《よめしゅうとめ》の問題で悩んでいる。日本人ビジネスマンの悩みは、会社を背負って韓国に仕事に行ったが、どうにも勝手が違うので交渉事がなかなかはかどらない、仕事の手順が合わない、といったものが中心だった。

聞くほどに、私が悩んでいたことが形を変えてあらわれていることを知った。嫁姑の問題やビジネスの問題を超えて、そこには共通の日韓の行き違い問題が伏在《ふくざい》しているのだった。

日常的に日本と韓国を往復する語学教師の仕事

韓国人は、自分の行動や思考をよしとする一方で、日本人をおかしな人たちと見ている。それにまったく匹敵《ひってき》する程度で、日本人も同じように韓国人をおかしな人たちと見ている。まさしく相対関係にある。日本人と韓国人は、実に合わせ鏡のような相対関係にある。いや、あるというよりは、そこへと落ち込むのである。

私が美しいと思えないものを、なぜ日本人は美しいと思うのか——。

それは私のテーマであり、また私の語学教室の韓国人生徒たちのテーマでもあった。

韓国人ホステスたちと日本人ビジネスマンたちの時間の都合から、私は主に、昼は日本語を教え、夕方からは韓国語を教えた。この、行ったり来たりの往復が、もしかしたら今日の私の考えのベースになったかもしれないと考えている。

言葉の問題がこれほど大きいとは思わなかった。韓国語を使っているときわめて情緒的な揺らぎの激しい自分を感じ、日本語を使っているとでもクールな自分を感じる。なぜそうなったのか、ひとことでいうことができないが、ハングルの音だけで使う漢字語と漢字を使っての漢字語との違いも、たぶんに関係していただろうと思う。漢字で表記した概念語は、表音文字のハングルでよりも、意識の客観的な対象化をより明確にしてくれるのである。

教室では、日韓双方の生徒たちが私に行き違うことの悩みを訴えてくる。それに対応する私は、昼は日本人の気持ちの側から、夕方からは韓国人の気持ちの側から、何らかの答えとまではいかなくとも、何とか考えるヒントくらいは出してあげたいと思う。この次にはもっといい答えを、次にはもっと深い話を、と努力しているうちに、いつしか私自身に私が答えを見いだしていかなくては、という気持ちが湧いてきたのである。

キムチを断つ決意をする

もちろん、日本人の気持ちになるといっても、そう簡単にはいかない。

私が意識的にやったことは、まず、食事を日本人に極力近づけることからだった。

私は来日して二年くらいはあまり日本食を食べなかった。すきやきとかしゃぶしゃぶはけっこう食べたが、一般の食堂の定食とか日本の家庭料理は、ほとんど口にしたことがなかった。

日本食は、一口食べて、味が薄いというか、味がないという印象だったから、韓国式の唐がらしを基調にした濃い味付けに慣れた私としては、ほとんど食指が動かなかった。それに、まあナショナリズムからというわけではないが、日本の食べ物に興味をもってしまうと、私自身が日本に負けてしまうのではないかという恐れがあった。

日本には染まりたくない、日本に染まれば、自分が小さくなってしまう。韓国人もスケールが小さいが、日本人はもっとスケールが小さい、そもそもアジア人はスケールが小さいんだと、そう感じていた。そうならないためにも、食べ物という一番身近なものから日本的なものを遠ざけていたのである。

当時までは、外で食事をするときは、だいたい韓国食や洋食で、フランス料理店にもよく行った。もちろん家では韓国食で、とくにキムチを欠かしたことがなかった。

まず第一にそのキムチを遠ざけた。

子どものころから毎日食べていたものだから、すこしずつ離して、日本の食事に慣れるように献立を考え、外でも和風の定食類の食事をするようにした。とにかく、まずは食から自分が韓国人であることを括弧《かっこ》に入れようとしたのである。

日本人の気持ちを知ること

さらに、日本人が美しいというものを、とにかく私も美しいと思うことにした。ずいぶん乱暴な話だと思われるかもしれないが、私は本気だった。それは自分のためだけではない。私は韓国人の語学生徒たちに、日本人の気持ちをそれなりに説明し、実際に彼女たちの仕事や生活に役立つ、というところで、ほかの日本語の教師とは違うメリットを彼女たちに与えなければならない。彼女たちの多くは、そこに魅力を感じて、わざわざそれまで通っていた語学学校をやめて、私のところへ通って来たのだった。

たとえば、授業のなかで私は、「こんな言葉を使えば、日本人の男性には好感をもたれるのよ。韓国式にこんないい方をすれば、必ず嫌われるわよ」と彼女たちにいう。すると彼女たちは店で早速それを実行する、すると「なるほど、あの先生がいったとおりだった」ということになるのである。

こんな具合にメリットを彼女たちに与え続けていくためには、私自身がもっともっと日本人の気持ちを知っていかなくてはならなかった。それは自分の心の平安のためにも必要なことだった。だから、私は日本人が美しいというものを、とにかく自分も美しいと思えるようにならなくてはならなかった。そうでなくては、「お得意さん」である彼女たちにとって私は、「日本で生きる現実有効性をも教えてくれる特別な語学教師」ではなくなってしまうのである。

だからそれは、単に気持ちのうえのことだけではなく、自分自身のビジネス上の、つまりご飯を食べていくうえでの大問題でもあったのである。

日本の陶器を趣味にする

日本人の美意識を知る。それには、向き合うためのいい標本があった。

韓国語を教えている日本のビジネスマンからいただいたコーヒーカップが私の手元にあった。それは、いまから思えばどこか著名な窯元《かまもと》の焼き物だったと思うが、暗色でザラザラとした肌の、ずいぶんいびつな形をした器だった。しかも一つだけでセットではなかった。

そのころの私の食器棚には、韓国製のステンレス食器とか、陶磁器でも白くて形の整ったコーヒーカップのセットが並べられていた。私もまたそういう典型的な韓国人の好みだったので、日本的な器の多くは、せっかくいただいたものでも、奥にしまって見えないようにしていたのである。

そのビジネスマンは、私と同時にアルバイト先の会社の社長にも同じものをプレゼントしていた。社長はプレゼントされると早速包みを開いてカップを取り出し、「これはとても品があっていいものだ」としきりに感心していた。しかし私は、こんな暗くていびつなカップはだれが見てもいいわけがない、社長はお世辞をいっているに違いない、と思ったものだ。

社長にあとで聞いてみると、「お世辞ではない、あれは本当にいいものだ、あなたにはそのよさがわからないでしょうね」といわれた。そのことを思い出し、私はいただいた暗い陶器のカップを食器棚の奥から取り出して、それで毎日コーヒーを飲むことにした。

さらに、デパートをのぞいたり、旅行に行ったりしたときには、必ず韓国人の目から見ておかしな形の、しかし本などで見かける日本特有の陶器を集めるように心がけた。

ご飯茶碗もそうして買った物に替え、料理を盛る皿もすべて替えた。まだ心ひかれるものではなかったが、無理をしてでも受け入れようと思ったのである。

ところが、そうやって、こんどはどんなものにしようかとやっていると、不思議なことに収集がだんだんおもしろくなってくるのである。とにかく、いらぬことを考えずに陶器のことだけを考えて選んでいくと、次はどんな色のどんな形の皿を見つけようかと、かなりオタク的になっていって、とても楽しくなってきた。こうして、和風のカップや茶碗や皿が、私の食器棚に少しずつ増えていったのである。

先に述べたように、それまでの私の食器棚には、整然と明るい色のセットものの食器が並んでいて、このデコレーションはこれで完璧と思え、そこで完成していた。そうなると、もはや余分なものが入り込む余地がない。

ところが、日本人のように、一つひとつ選んで買い揃えていくと、きりがないのである。気に入った茶碗をデパートで買っても、旅先でまた素敵な茶碗が目にとまる。ながめているとすごく欲しくなる。それで買う。そうなると、もう止まらないのである。いくら集めても、また気に入ったものが出てくるのだから。

「これだ」と思った。

日本人は完璧なものにはあとがない、未来がないとよくいう。満開の花でも、満月でもそうだ。それはそれで美しいが、蕾《つぼみ》の花もいいし、枯れた花もいい、また十三夜の欠けた月にも味わいがある……そんなふうにいう。

日本人の好みの特徴は、生命のように常に動いているもの、動きを感じさせるもの、過去や未来を感じさせるもの、十であるよりは八とか九とかの状態にあるもの――そういわれていることがうっすらと理解できるようになった。一〇〇パーセント完成された美や精神よりは、未完成でも常に動くことをやめない精神状態のほうがいい、精神が停止してはだめなのだ、ということかもしれないな、と思った。

これが日本人の夢なのかもしれない。そう思うと私にもそれまでとは違った夢が膨らんでいくように感じた。以前のように、大きな世界にばかりではなく、私のアパートの食器棚のなかにも夢があるんだと、そんな感覚がしだいにわかるようになっていった。

韓国人ホステスたち

韓国の女性がホステスとして日本にやって来る理由はさまざまである。

――家が貧乏で自分が水商売で一家を養おうと考えたから。

――兄や弟たちを大学に行かせたいため。

――父親が病気で、兄弟たちは小さく、稼ぎ手がいないため。

――離婚した「出戻り女」と近隣から蔑まれるため。

――二十代半ばを超え、韓国の酒場では「年増《としま》」扱いで仕事に就きにくいため。

いまではかなり別の要素が入っているが、一九八〇年代当時の彼女たちは、一様に辛《つら》く重い荷を背負って、日本にやって来ている。そして、彼女たちが共通してやることは、一所懸命に働いてお金を稼ぎ、韓国の家族にお金を送ることである。

私が韓国人ホステスに日本語を教えていたのは、ちょうど日本がバブル経済の頂点にあったころである。ホステスたちは、パトロンから貰うお金を、当然のごとく、五千万円だ一億円だと口にしていた。

「カバンを開けたら四千万円入っていた。いいから使いなさいといわれちゃった」

「六本木に億ションを買ってもらったのよ。こんど遊びに来て」

私の教室に通うホステスたちの多くが、そんな話をするのである。

実際、日本人のパトロンに買ってもらったというあるホステスのマンションに遊びに行ってみて、私が生活している部屋よりも、彼女のマンションのベランダのほうが広かったので驚いたことがある。

日本語の授業は一回二時間としていたが、その半分は彼女たちの話を聞き、日韓の行き違いの話をする時間にあてていた。それは彼女たちの望みでもあり、私にしても大切な時間だった。

派手な生活の裏にある悲惨な物語を聞くことが多かった。稼いでも稼いでも、韓国の家族からお金を要求してくること。日本のやくざに引っかかって苦労していること。日本のパトロンに新しい愛人ができたこと、愛人の浮気の現場を押さえに友だちと乗り込んだこと、子どもを産みたいといって愛人から手を切られたこと……。

景気のいい話もあった。日本人のパトロンに貢がせたお金でソウルにビルを建てたホステスも何人かいた。また、日本人の金持ちと結婚して優雅な暮らしに入ることができたというホステスもいた。

彼女たちにはよく、「先生も、もっと稼げばいいのに。ホステスだってできるんじゃない？」といわれた。たしかにそのころ私は、忙しいものの食べていくのが精一杯で、経済的にはかなり困っていた。彼女たちのように、一億だ二億だではなく、百万円のお金があれば、学校の授業料を払って、本が買えて、アメリカへの旅費の足しにできて、と思っていた。ホステスをやれば、日本で贅沢ができるし、家族にもお金が送れる。私がまったくそう思わなかったといえば嘘になる。

実際、少し顔に自信のある女子留学生たちのなかには、やがて夜の街で稼ぐようになる者はけっして少なくなかった。それは事実なのだが、私が最初の本でそのことに触れたため、女子留学生たちから「あなたは韓国の女子留学生がみんなホステスをしているかのように書いた」と大きな抗議を受けることになってしまった。

私のように、韓国関係の会社でアルバイトをしたり、あるいは店員として焼き肉屋でアルバイトをしながら学校に通い、地味に生活していた者もいたことはいうまでもない。しかし、お金の魅力に負けてホステスの道に入り、そのままずるずると続けているうちにパトロンを得て、日本人の愛人となった女子留学生が、私の知るホステスのなかにかなりいたこともまた事実である。

韓国人ホステスに日本語を教えながら、私は彼女たちからたくさんのことを学んだ。時々に聞く彼女たちの境遇からすれば、たかだか日本人との行き違いに悩んで落ち込んでいる私は、何と幸せ者なのかと思わずにはいられなかった。私はさながら、明日をも知れぬ重病患者の前で擦り傷の痛みを訴えている臆病者《おくびょうもの》にすぎなかった。彼女たちは私にそんな覚醒《かくせい》をさせてくれたのである。

私よりもよっぽど若い年のホステスが、日本で逞《たくま》しく生きながら、月々きちんと国の家族に送金している。幸いというかいい加減というか、私は韓国にお金を送らなくていいし、自分で自分だけのことをやっていければいいのだ。

日本人ビジネスマンたちとの出会い

韓国人であることを括弧に入れて、日本をみつめ直そうとしていたころ、ある勉強会にしばしば出席した。それは韓国に行ったことのある日本人ビジネスマンの集まりで、メンバーは男性ばかりで女は私一人であった。

集まると、まずはみなでそれぞれ自分の韓国での体験を話し出す。最初はみな一様に韓国のよさをほめている。しばらくすると、しだいに韓国の悪口が出はじめ、会のなかごろからはいっせいに韓国と韓国人への猛烈な批判が展開されるようになっていった。

もしその場に韓国人の男性がいたら、彼らももう少し距離をおいた話し方をしたかもしれなかった。そうならなかったのは、韓国人でも私が女だったから緊張がほぐれていたと思う。また彼らとは、コンサルタント会社でたびたび顔を合わせていたからかもしれない。彼らの舌鋒《ぜっぽう》は私にまったく頓着《とんちゃく》することのない、実に厳しいものだった。

黙って聞いていた私も、しだいに腹が立ってきたが、感情むき出しだといわれる韓国人の弱点はみせまいと、必死にがまんをして、できるだけ冷静に反論するようにしていた。日本人のほうは、いうまでもなく、みな冷静で分析的である。

そこで、彼らは私にこんなふうにいう。

「こんな話は、普通は韓国人の前でいっさいいえないことだ。でも呉さんはそれを冷静に受け止めてくれるので、気づかいなくいいたいことをいえる。そういう意味で、呉さんはもしかしたら日本人の本音を知る唯一の韓国人かもしれませんよ」

そういわれると、こちらとしても、ますます物事を冷静に、客観的に受け止められるようにしていかなくてはならないと構えるようになっていく。いかに感情的になりがちなことでも穏やかに話すこと。そうやって、お互いに自分のいいたいことを語りやすくするのが多くの日本人だということを知らされた。

この会とは別に、私は韓国人と日本人の若手ビジネスマンの集まりに出たことがある。そのとき、日本人からちょっと韓国の社会や経済に対する批判が出ただけで、韓国人はみながみなものすごく興奮していた。そのため、日本人は韓国への批判となることについては大変に気をつけながら話をすることになる。そのため、結局は話が先に進んでいかない。これが一般的な日本人と韓国人との議論なのだ。

日本人ビジネスマンの会へ何回か顔を出しているうちに、だんだんとその会の人たちと仲良くなり、食事に行ったり、飲みに行ったりして、お互いに腹蔵《ふくぞう》なく落ち着いて、韓国について日本について話せる機会が増えていった。

韓国人であることを括弧に入れはじめた私には、実体験をもった日本人が虚心坦懐《きょしんたんかい》に話す韓国批判が、実に的確なものだと思わざるを得なかった。しかも、以前から私が感じていた日韓の行き違いに関する事柄が、それらの批判の重要な部分を占めていることが、よく理解できたのである。

彼らはまた、とてもよく人の話を聞く人たち、かなり聞き上手の人たちだった。

「呉さんは、どう思う？」

「この点についてのあなたの意見は？」

などと盛んに尋ねてもくる。

その呼吸がわざとらしくなく、無意識に私を立ててくれるのである。私が十分でない日本語で反論したとしても、みな注意深く聞いてくれる。そして、わからない点はもう一度聞いてくれる。

韓国勉強会でのスピーチ

そんな集まりが何回か続いて、あるときその会から「韓国人から見た日本」というテーマでスピーチをしてくれと頼まれた。聞き手は何度も韓国に行ったことのある大企業のビジネスマンたちが中心で、みなそれぞれ韓国に対してはそれなりの専門家たちでもある。それに聴衆の数も一人や二人ではないから、ふだん居酒屋で話すようなわけにはいかない。

私はたじろいでしまった。好奇心にあふれた行動的な女と思われているのかもしれないが、私はけっこう、大勢の前ではあがり性なのだ。それに、いくら私がお転婆《てんば》だとはいっても、女は控えめにという教えが身についている。それをしゃしゃり出て、男たちの前で平気な顔で話すことなどできそうにもない。ちょっと考えさせてほしいと、その場では逃げてしまった。

アルバイト先の会社の社長は、とても冷静な人で、常に第三者的に物事をみる人だった。その社長が、「せっかくの機会だから話してみればいいじゃないか」とすすめるのである。そして、「君の立場で話すことが彼らにはとても参考になるはずだ」と、私をけしかけるのだ。

社長は、「なぜかというと、日本人が韓国人の男性と話しても、お互い本音を隠し、建前のやりとりで話を終えてしまうことがほとんどだ。その点、君は女性だから、彼らもそれほど身構えて固くならないですむ。また彼らとは年も離れている。ましてや君は彼らのビジネスとは関係のない立場だからね」というのである。

さらに社長は、「感じたこと、考えていることをそのまま話せばいい。いま、東京にいる韓国人のなかでは、君が一番日本のことを知っている韓国人だ、いや冗談じゃなくね」とおだてられた。

こうなれば、やはり私は木に登ってしまうブタだ。私にしても、そのような本音を諄々《じゅんじゅん》と話したい、伝えたいという思いはあった。日韓の行き違いからくるお互いの誤解、それによって生じる嫌悪と憎しみ、そして無視。一つひとつの氷を解かしていかなければいけない。そんな処方箋《しょほうせん》を伝えることができたらいい。

どこまで私の話が通じたか自信のないところだったが、会主催の私のスピーチの評判はとてもよかった。よくわかった、といってくれる人が多かったのである。

このころは、日本語を勉強している韓国人ビジネスマンともよく話した。私が挙げる具体例に熱心に耳を傾け、「なるほど」とうなずいてくれる者は少なくなかった。

韓国人と話しても日本人と話しても、行き違いの話は、だいたい共通することが多い。日韓問題のポイントは、その共通項の解明にあるのだという私の考えに、私はより強い自信をもてるようになった。実際、私の語学教室でそのあたりのことをやってみると、反応が非常によい。やりがいが、だんだん増していった。

日本の風景と絵画の好み

日本人の美意識を知るために、焼き物に興味をもつようになった私は、次には盛んに日本各地に旅行に出かけるようにした。温泉が好きだったので、各地の名湯《めいとう》といわれるところへ出かけ、その地の資料館や博物館を積極的に見てまわった。

そして、そのたびに常々抵抗を感じていた神社にも、勇気を出して入ってみた。神社建築を見たり、お参りの真似事をしたり、機会があれば御祓《おはら》いをしてもらったり、お祭りを見物した。

私のなかで、一つの手応えが感じられたのは、絵についての感性だった。

私は韓国から手に入れた韓国人作の山水画の屏風《びょうぶ》を教室に飾っていた。私の教室に韓国語を習いにくる日本人たちは、私がその絵を自慢げに見せても、首をかしげるばかりでどうにも感心することがない。

もっとも、私自身絵の方面はよくわからないし、山水画についても知ることはいたって少ない。私の興味は、なぜ彼らはこの韓国ではよくある画風の絵が気に入らないのか、それを知りたい、ということだった。

　よくわからないままに日本画を見たり、旅先の風景を見たりしているうちに、日本人がこの山水画をおかしいと感じるのは、もしかしたら平面的で遠近感に乏しいためなのかもしれない、と思うようになった。

　その絵には、山があり、滝が流れ、紅葉した木々があり、小さな民家があって、犬を連れた人が歩いている。代表的な韓国の田舎のおだやかな風景なのだが、山、滝、木、家それぞれが、まるで同一平面にあるかのように、くっきりと描かれている。

　それぞれがみんな前面へ突出しようとする力が感じられる。遠くにあるはずの山でさえ、まるで間近にあるかのように、強くその存在を主張している。

　日本の山水画では、よくはわからないが、明から暗への流れがあって、それぞれの対象物はその流れにしたがった陰影をつくりだしているように感じる。いずれにしても、絵全体に見えない霞《かすみ》のようなベールがかかっていて、その霞を通して近景と遠景が望まれる、という感じだ。たとえば、山は霞《かす》んで、その形さえ明らかではなく、紅葉した木々も山の肌を淡く染める役割にとどめている。滝の飛沫《ひまつ》も煙のごとくある。そんな描写が多いように感じた。

ああ、それはまさに、湿度が高く、ほとんどいつも靄《もや》がかかったようにしか見ることのない、日本の風土に特有な風景そのものではないか。韓国で見る山も木々も、日本よりはいつもくっきりと輪郭だっているものだ。それは韓国が、日本よりも湿度が低く、雨量も少なく、日本と比較すれば少々乾燥気味の土地だからなのだろう。

韓国人が派手な原色を好み、日本人が中間色や地味な色を好むのも、きっとそのためではないのだろうか。

いずれにしても、国民の感性のあり方が、その国の自然のあり方と密接な関係にあり、絵の好みも一般的にはそれに伴う傾向の強いことがいえると思う。もしかすると当たり前のことかもしれないが、ともかく私は、私所有の韓国人作の山水画をなぜ日本人が好まないかの理由だけは、これでよくわかったように思えた。

「日帝三十六年」についての無知を悟る

私にはよくも悪くも、物事を総合的に一挙に把握したいという欲望がある。それはいまもなお変わってはいないが、このころは、そうした欲望を極力抑え、具体的な物事に対して、個別に一つひとつできるかぎり実際的に向き合っていくことを心がけた。

そうやって、個々具体的な場面で動く日本人の気持ちを知っていこうとしたのだが、そうしたことのなかで、どうしても避けては通れないだろうと思える問題があった。それはいわゆる「日帝三十六年の支配」、つまり日本による朝鮮統治の歴史である。

この問題については、例の会合で日本人ビジネスマンたちと盛んに議論をした。彼らは私が韓国人だからといって遠慮をすることがない。しかし冷静に、具体的に、理路整然と話をすすめる。それに対して私も冷静に話そうとするのだが、いつしか興奮してしまい、大声を出して韓国人お決まりの「日帝批判」を型通りしてしまうこともたびたびだった。これでは日本人の気持ちなどわかりようもない。

ただ、彼らとの議論のなかで、私があまりにも日帝時代の歴史事実を知らないことを思い知らされた。それと同時に、この問題については、日本人のほうもどこか歯切れが悪く、「日本が悪かった」と認めるところが多々あることを知った。

これまでにも、多くの日本人から、あの朝鮮統治について「悪かった」という言葉をたびたび聞かされていた。その言葉にはじめて接したときは、大きなショックだった。なぜならば、韓国では日本人は戦前のことをまったく反省していない、日帝三十六年の支配はあくまで正しかったと思い続けている、と教えられてきたからである。

だから、当初はそういう日本人の言葉を信じなかった。嘘をついてその場をごまかそうとしているのだと思っていた。しかし、会う日本人のほとんどが、私が日帝問題をもち出そうともち出すまいと、「我々日本人は、戦前は韓国の方々に大変な迷惑をおかけした」という意味のことを一様に述べるのである。なかには、韓国人なみの日帝批判をしてみせる日本人も少なくなかった。

ただそれらの場合、多くがきわめて情緒的に態度・姿勢を示すことにとどまり、韓国人の私をことさらに意識して、韓国人の気に障《さわ》ることを極力いわないようにしていることがよくみてとれた。

しかし、この会のメンバーはまったくそうではなかった。だからこそ、議論になったのだし、私自身自らの無知を知らされたのである。

結局のところ、私のほうにあったのは、帝国主義者とその犠牲者、侵略者と被侵略者、植民地支配をした者とされた者、加害者と被害者、道徳的な悪と道徳的な善、といった建前の枠組みだけだった。その具体的な内容にしても、世界史上の客観的な事実としての意味も、韓国の教科書で教わったこと以外には、まったくもってとらえきれていなかったのである。そして、それは私以外の大部分の韓国人についてもいえることなのだった。

何はともあれ、歴史の勉強をするしかなかった。近世から近代にかけての日韓関係史の勉強をするしかなかった。これには大変な時間がかかり、いまも勉強中なのだが、その過程でいくつかすぐに気づいたことがあった。

植民地体験者の生の声を聞きたい

第一には、右から左まで、いろいろな思想の持ち主がいるにせよ、およそ日本人のすべてが、朝鮮統治については何らかの形で罪の意識をもっていることである。はっきりと認めている人なんて、おそらく一人もいないだろうと思えた。

重要なことは、そこをベースにさまざまな考え方がある、ということだ。日本人が一枚岩だというのは、まったくの誤りであることを知った。

第二には、欧米人が日帝時代に触れた文章では、李朝のすさまじい政治的な堕落ぶりを痛烈に批判し、同時に日本の朝鮮統治をある意味では国際的な自然の流れと表現する文章がけっして少なくなかったことである。

第三には、日本人のなかにも欧米人のなかにも、戦前を帝国主義時代、植民地時代としながら、日本だけを一方的な侵略者として糾弾するのではなく、帝国主義と帝国主義が激突したものとして両者を批判する考え方がかなりあったことである。しかも、欧米人のなかにすら、日本の戦争をアジア諸国の植民地からの解放と独立に一定の役割を果たしたと評価する考えがあったことである。

世界にこれほど多様な見方があることなど、私はまったく知らなかった。そして、深く考えさせられたことは、私が朝鮮統治の問題を、「日本民族による朝鮮民族の支配」という、自民族にふりかかった災難という観点だけで考えていたことに対して、私が日本で読んだ本のすべてが、いずれも世界史的な観点、人類史的な観点から書かれていたことだ。そして、いずれの本も韓国では翻訳されていないことを知った。

理性的な判断のかぎりでは、私は宙ぶらりんのまま判断停止の状態に陥ってしまった。しかしながら、それはそれでいいと思った。かんじんなことは、つまり私が知りたいことは、統治者の側に立った日本人の気持ちだった。もちろん人によって違うだろうが、直接体験者が当時どんな気持ちでいたのか、それを知りたかった。

歴史的な価値判断については、国際的な視野でみるかぎり、そう簡単に結論を出せるものではないと感じた。

そうした、とりあえずの勉強で得たその当時の私の結論は、実際の植民地体験のある日本人は、朝鮮統治に関するさまざまな思いや気持ちを、ことさら表だっていいたてることなく、墓場まで抱えていこうとしているのではないか、ということだった。

ふつうの日本人とは、そういう人たちではないのか。そう思えてきたのは、書店で手に入るかぎりでは、朝鮮統治の日常を体験した日本人の口から、その気持ちを伝えるものが、ほとんど皆無に等しかったためである。

そして、まだ学校教育を受ける以前、幼かったころのことを思い出してみると、私の母をはじめ、日本人の悪口をいう者はそれほど多くはなく、かえってよい印象を語る大人たちがかなりいたことに気づいた。光と影があったに違いない。私はこれまで、その影の部分だけを見ようとしてきたのではなかったのだろうか。何としても、いつか光の部分に触れてみなくてはならないと思った。

日韓のはざまで自分を見失う

語学教室での日本人と韓国人との間を行ったり来たりしながらの思索、韓国人としての自分をいったん括弧に入れて、日本人の気持ちになってみようという試行、日帝時代についてできるだけ客観的な世界史としてみつめてみようとした勉強……。これをずっとやっているうちに、私は自分が何者なのか、だんだんとわからなくなってしまった。

私は基本的に、反日・反共思想と儒教的な倫理観を正しいものとしてきた愛国的な韓国人であり、呉家の血を受けた者であり、キリスト教を信じ、韓国の軍隊にいて韓国の大学を出た、呉善花《オソンフア》なる人物である――自分はそういう自分であるとしてアイデンティティを感じていたつもりだった。が、そこへ日本という強烈な吸引力が作用してきて、自分の身体がバラバラになってしまうように感じられた。

そうして、だんだんと自分の人格の所在がとてつもなく希薄に感じられるようになってしまったのである。

この感じは、以後もずっと続いて、ある意味ではいまなおそのへんを彷徨《さまよ》っているのかとも思う。ただ、あとに述べるように、あるときから、このあたかも日韓のはざまに落ち込んでしまったような精神のあり方を積極的に肯定していこうと考えてから、何とか精神の危機を脱することができた。

しかし、このころはまだ、いつ頭がおかしくなってても不思議ではないほど、私は完璧にはざまに落ち込んだまま、どうすることもできない状態にあった。

自分では、このままでは生きていけない、何とかしなくてはならないと考えていた。しかし、何をどうしたらいいのか、皆目わからない。それでも、何とかがんばりながら生きられていたのは、その当時、私が密かに心を寄せていた人がいたためだったかもしれない。その人のほがらかな笑いに助けられていたな、とも思えるが、その正体は日本人一般に通じる、運命の流れに対する「成るように成る」という楽天主義だったと思う。

よき他者を求める切実さ

私はけっこう真面目なタイプで、学校で教えられたこと、つまり正統的な知識だとされるものを、そのまま信じてしまうところがあった。韓国の知のオーソドキシーといえばその根本には儒教があるため、知識のあり方ではきわめて強固な理念に基づくことを要求される。私もその傾向が強く、何かを考えるには「まず理念あり」で、そのため強固な考え方の枠組みをもとうとすることになる。そうやって自分の考えを堅持していくことが、韓国の多くの知識人のやり方だといってよい。

ようするに、完璧なる知を手にすること、そこへと向かおうとするのである。それで、いっぱしの知識人だと自分のことを思うようになると、もうそのあり方は容易なことでは動かなくなる。無意識のうちに完成された知を自分の内部に描いているからだ。

そうなると、どうしても物事の変化に対して鈍感になってくる。私を含めて、多くのインテリ韓国人がそこに気づいていないようなのだ。その証拠に日本に来た韓国人のなかでは、より高い教育を受けた人ほど、行き違いに激しく葛藤《かっとう》すると、一般的にはいえるように思う。たぶん、『日本はない』を書いた女性も、激しい葛藤をしたと思うのだが、自分を変化させることができないで、その段階で帰ってしまったのだろう。残念なことである。

韓国人ホステスの多くは、中学出かせいぜい高校出であって、それも勉強が好きだとか読書が好きだとかいう者は少ない。だいたいはそれほど教養の高くない普通の人たちである。だからといってしまってよいかどうかはわからないが、彼女たちのなかには、現実を直視して、素直により柔軟に物事を考え対処していく者が多いのは間違いないことだ。私も、少々頭のお固い韓国知識人の片隅に座っていたのである。かたくなに自分と自分の考えを肯定し続けて、容易に変化の海に漕ぎ出そうとはしなかった。苦悩と葛藤のなかにいても、まず自分から変わっていく勇気をもっていなかったのである。

その私が、紆余曲折《うよきよくせつ》を経ながらも、何とか変化の動きへと入っていくことになったのは、どういうことからだったのだろうか。

その第一のきっかけは、何といっても、この人はどういう人なのか、もっと知りたいという興味の強さだった。さらに、できるだけ大勢の人と接したいという社交心や好奇心である。もちろんそこには、出会いという運もある。

よき人との出会いを、偶然には違いないものの、人生の道筋として偶然だといってしまってはならないだろう。かぎられた環境のなかで、よき人と出会うことの可能性への動きを積極的に展開するか、消極的にとどめるかは、自分の意志である。それも人それぞれの性格の問題だというならば、自分の人生の途上で感じる、よき他者を求める切実さの度合いの違いである。

いまから思えば、私は済州島の女たちの生活伝統から行動力や好奇心を、母からは社交性を、それぞれ宝物としてもらったのだといえるかもしれない。しかし、その宝物の力が本当に必要になるのは、その宝物が現実社会とぶつかり具体的な接点をもったときである。

そして、だれもが身のうちにもっているはずの宝物とは、学校などでこれが正統な知識だとされるような意味での正統性ではなく、もっと深い、人々の生活の歴史に支えられた心のオーソドキシーなのである。幸運にも、それをすぐに社会で生かせる人もいるが、私のように延々たる遠回りをすることでようやく手がかりを得られる人もいるのではないか。

そんなふうに思うようになったのは、来日してから五年が経過したころのことだった。そのころ、アルバイト先の会社にも大きな変動があり、一九八九年の夏ごろから、私は完全に独立し、自分一人で語学教室を運営するようになった。大学も卒業し、東京外国語大学のアメリカ地域研究の研究生となっていた。

大きな夢ばかり追っている自分よりも、実際の生活を落ち着いてできるような自分をつくっていかなくてはならないと、強く感じるようになってもいた。しかし、その前に一度だけでもいいから、いまの自分を思いきり表現してみたい。だめでもいいからやってみたい。それがしだいに、自分自身の日本体験をベースにした本を書いて出版したいという、またまた、だいそれた夢となっていったのである。

第3章
転機のための『スカートの風』
――生きられる場所の手応え

NHKテレビの歌舞伎町取材

独立して自分一人で日本語と韓国語を教えるようになって間もなく、NHKテレビのディレクターが訪ねてきた。外国人労働者問題で新宿・歌舞伎町の韓国人ホステスたちの取材をしたいから、協力してほしいというのである。知り合いの韓国関係の仕事をしている日本のビジネスマンの紹介だった。

その人がいうには、いま日本に韓国からたくさんの女性たちが出稼ぎに来ていて、東京では新宿、赤坂、上野などにホステスとして数千人が働いている。その多くが不法滞在とみられ、さまざまな方法で日本にやって来ている、その実態を取材して、できれば特別番組で放映したい、とのことだ。

たしかに、当時そうした狙いでの取材協力ならば、私がもっとも的確だったと思う。私は、新宿・歌舞伎町で日本語教室を開いていたので、韓国人ホステスには知り合いが多かった。また、彼女たちをとおして、日本に来た理由、渡航の方法、韓国クラブでの働き方、パトロンとの関係、結婚ビザの取り方、偽装結婚・戸籍売買の実態などについて、かなり詳しく知っていた。

境遇や生活のあり方は異なるものの、私も韓国人ホステスたちも、日韓の谷間に落ち込んだという点ではまったく同じ存在だ。そして、この落ち込みは日韓問題の本質にかかわり、彼女たちの人生はそのことを象徴的に物語っている。そう考えるようになってから、私は彼女たちの生活実態とその背景の取材をベースに本を書いてみたいと、強く思うようになっていた。

いい機会だと思った。私は、渡航ブローカーのボスなど、まず日本人では取材できない対象、またふつうの日本人では入り込めない場所まで、取材班を連れて行くことができた。私は、テレビクルーと、歌舞伎町のかなり危険な領域にまで入って、ホステスたちの生活の実態に迫った。

ハラハラ、ドキドキしながらも、半月ほどかけて取材は終わった。特番とはならず、ニュースの合間の短い時間だったがオンエアされた。韓国人ホステスを対象としたものではおそらくはじめての映像だったと思う。

本の企画をもちこむ

取材している間、私はディレクターに、ちょうどいま取材しているテーマで本を書きたいと思っている、という話をした。彼は大きな興味をもってくれ、「出版関係の知り合いがいるので話してみます、きっと乗ってくると思いますよ」という。

私は少し前から、韓国人ホステスや私が体験している日本人との行き違いの話を中心に、日韓の比較文化論のようなものを書いてみたいということを、機会あるごとに私が韓国語を教えている日本のビジネスマンたちに話して、かなりいい反応を得ていた。

「それはいい、絶対売れますよ」

「そんな本があったらぜひ読みたいですね」

よし、絶対書いてみようということで、だんだんと構想を固めていた。ただ、広く一般の人々に読んでもらえるだけの日本語の力が自分にあるのかどうか、それだけが不安だった。

番組取材中に、ディレクター氏は私の企画書づくりに協力してくれ、できあがった企画書を彼の知り合いの編集プロダクションにもちこんでくれた。大変に興味深い、ぜひ会いたいということだったので、早速でかけることにした。

数名でやっている小さなプロダクションだった。私は緊張しながらも、企画書に基づいて、書きたいと思っている日韓の文化比較、美意識や価値観の違い、行き違いに悩む韓国人ホステスたちのことなどを熱心に話した。

三人の編集者が私の話を聞いていたが、話の間中、しきりに「へえー」「本当ですか？」「それは知らなかった」「いや、それはおもしろい」という具合に言葉が入り、興味津々であることが、ヒシヒシと伝わってくる。

話が終わってからもしばらく彼らの質問が続き、私が答えるとそのたびに感心している様子がみてとれる。これで「口頭試問」はパスだなと思った。

編集者たちは、一般読者の興味を引くところを中心にしていきたい、それにはやはり韓国人ホステスの実態についての話をもってくることだ、文化・習慣の行き違いや比較文化論的な内容は短いものでいいと思う、という。

私もそういわれるものと覚悟していた。やはり彼女たちの話は生々しく、一般読者の興味を引きやすいからである。しかし私は、文化・習慣の行き違いの話は、日本のビジネスマンたちから大きな反響が出るに違いないと確信していた。それは、私が語学教室で彼らから直接得た反応の大きさからいって、間違いないと思えた。

そういう話もしてみたのだが、無名の韓国人留学生が最初に書く本としてはホステスの実態のほうがインパクトがある、という説得にうなずいていた。

原稿執筆

最初の原稿は語学教室以外の時間をフルに使い、二カ月ほどで書き上げた。そのころは、東京外国語大学大学院の研究生だったが、時間的にはかなりの余裕があった。

最初に書いた原稿は、韓国語を主体に日本語をたくさん交じらせたものだった。私はいままでも、取材のおりには、日本語の談話を頭のなかで韓国語に直訳しながらハングルで書き取っているが、それで一言一句もらさず、ほとんどしゃべったままを書き取ることができる。つまり、日本語で聞いていても、韓国語で聞いているのと同じなのである。私にとって、日本語の漢字を書くのは時間がかかるが、ハングルだと、速記とほとんど同じように猛スピードで書けるのだ。

日本語で書き下ろそうとはしてみたのだが、文章をつくる意識の速さに日本語を書く手がついていけず、気持ちが散漫になってイライラするばかり。そこで、まずハングルで一気に書き上げ、それを自分で日本語に直していこうとしたのである。しかし、最初から日本語にすることを目的に書いているため、結果的に適当に日本語を混ぜて書くことになったのだった。

そこからが大変だった。まず、全体を項目別に整理していくつかの章に割っていく。それから、まずざっと簡単な日本語に直していった。日本語の辞書はそれほど引かない。朝から晩まで、アパートの狭い部屋に籠《こ》もったまま作業に没頭した。肩は凝るし、腰は痛いし、寝不足で肌は荒れるし、というなかで続けた。

四百字詰め原稿用紙に直せば五百枚ほどの量を、レポート用紙にすきまなく書き詰めた。これだけ長い文章を書いたのははじめてのことだ。同時に、原稿を書くということが、こんなにおもしろくてワクワクするものだということをはじめて知った。

だいたいできたところでプロダクションへもっていくと、もう少し読みやすくしたほうがいいでしょう、ということで、若い女性編集者にワープロで入力してもらうついでに、いいまわしなども手をいれてもらうことになった。彼女なりに内容を整理し、より正しく魅力的な日本語に書き換えてくれるという。

彼女はほかの仕事もあったから、仕上げるのに三カ月もかかったが、早速読んでみてガッカリしてしまった。まったく私のトーンが消えてしまっていて、変な力みが目立つ。私の興味とは別のところが強調され、私の主張がまるで誤解されて受け取られてもいる。しかも、内容がおとなしくてまったく迫力がないのである。私はけっしてそんな原稿を書いたつもりはない、と思った。

プロダクションの社長にそういうと、書き直させますというのだが、どこか根本的なところで、こういうやり方ではだめだと思った。

そこで、このプロダクションに出資者として参加している三交社代表のT氏に、私の書いた原稿と彼女のリライト原稿を読み比べてもらった。原稿読みの名手でたくさんの新人を発掘した体験があると耳にしていたからだ。

T氏は「若い者に任せるから」といって、私の企画にあまり関心がなかったらしく、最初の会合に出てきたきり、まったくこの仕事には関与していなかった。しかし、この大べテランにはぜひ目をとおしてもらいたかったのである。

三日後、T氏から電話があった。

「実に魅力的な内容で心から感動した。人任せにしていて申しわけなかった。あの編集者には荷が重かったようだ。私が編集担当になりますから、よい原稿を完成させましょう」

Ｔ氏はまったく妥協ということを知らない、めちゃくちゃに厳しい人だった。私の原稿は彼の手でまさに付箋《ふせん》だらけになり、原稿のいたる所にメモが書き込まれている。それで書き直して読んでもらうと、またもや付箋だらけとなる。

「日本語ではこんないいまわしはしない」

「もっと、しっかり辞書を引きなさい」

「つっこみが甘い」

「いいかげんな言葉でごまかすな」

「語彙《ごい》にたよらず表現力で勝負しろ」

「心の動きを丁寧に描け」

書き直しは、ものによっては四、五回におよんだ。まだワープロも覚えていなかったから、その間、膨大な量の日本語を書き続けたことになる。まさしく、集中的に日本語表現の特訓を受けたようなものだった。

Ｔ氏は盛んに、「あなたの文体をつくりなさい」ということをいった。韓国的な表現がうまく日本語表現のなかに生かされて独特の味が出ているところがある、そこをポイントにし、平均的にきれいな日本語を書こうとするな、でもよい文章はお手本にしろ、自分の個性の生きた日本語をものにしろ……。

こうして、一九九〇年九月に原稿が完成した。私は最終稿を通読しながら、涙が出てきて止まらなかった。やっと自分のいいたいことを日本語であらわすことができた、まさしくそう思えて感無量だった。

『スカートの風』の出版

それから少しばかり手を入れて、十月はじめに原稿を出版社に渡した。発売は十二月一日の予定。タイトルはT氏の発案で文章のなかにある言葉をとって『スカートの風』と決まった。

「スカートの風」とは韓国語の「チマパラム」(チマの風/チマチョゴリの上の部分がチョゴリで下の部分がチマ)を日本語に訳した言葉。韓国では女性が家の外に出かけてさまざまに品のない行動をすることを意味する。遊興、浮気、教育ママが学校に文句をいったりすることなどを意味する言葉だ。ようするに、「女だてらに……」という批判の言葉で、品のなさを表現した言葉である。

だから私は、「チマパラム」とあれば、韓国人にはどんな好色な本を書いたのかと思われるかもしれないので嫌だと反対したのだが、日本語の表現としては実にさわやかだからと説得され、それでいくことにしたのである。

初版の刷り部数は三千部だという。取次店で「売れる本ではない」と判断され、それしか書店に配本できないのだという。書店に注文用のパンフを発送したのだが、受注状況はかんばしくないという。Ｔ氏は心配していたが、私は絶対に売れると豪語していた。以前からのビジネスマンたちの反響で確信できたからだ。

発売当日。早速近くの書店をあちこち回ってみた。どこの書店でも、奥のすみのほうの棚に一冊、寂しく差し込まれているだけだった。何だか、仕方なく置いてあるといった様子。こんな状態で、だれが手に取って買ってくれるのか、本の洪水のなかのたったの一滴《いってき》という現実を見てがくぜんとした。

発売一週間後、『日本経済新聞』が取材に来て、私と本の紹介記事が大きく紙面に載った。反響は大きく、次の日から出版社には注文が殺到した。しかし、そのときにはすでに書店にあった分はほとんど売り切れていたらしく、出版社手持ちのわずかな部数を出した以後は、品薄どころか品ゼロの状態が長い間続いてしまった。

翌年に入ると、毎週毎週、新聞、雑誌、テレビからの取材がひっきりなしに入ってきた。そして、二万、三万、四万と順調に増刷を重ね、三カ月ほどで十万部の大台に乗ってしまった。それ以後も売れ続け、二十万部を超えたあたりからややフラットになっていったが、それでも毎月の増刷がずっと長い間続いた。

この『スカートの風』で私の人生は、まったくその行く道を変えてしまった。

韓国人ホステスたちの反発

三十万部に届くベストセラーになってからは、以前にも増して新聞や雑誌に取り上げられるようになり、私は慣れないインタビューやテレビ出演に忙殺され、しかもあちこちから原稿執筆の要請や講演の依頼が続いた。

この本は、読んだ人からの口コミで広がった面が強かったようだった。あとで聞いた話だが、多くの人が知り合いから「おもしろい」とすすめられて読んだ、といっていた。

こうして、私の本は日本人には好評のうちに受け入れられていったが、その反面、韓国人からは猛烈な反発を受けることになった。

韓国人といっても、本国にいる韓国人ではない。日本語で書いたため当然彼らには読めない。また、日本語が達者な在日韓国人からの反発も、一部のおかしな民族主義的な知識人をのぞいて、ほとんどといっていいほどなかった。どんな韓国人から反発がきたかというと、留学生をはじめとする滞日（ニューカマー）韓国人たちからである。

非難の声が最初にあがったのは、この本の主役でもある韓国人ホステスたちだった。

私は、日本語教室の案内書を新宿の教会に置かせてもらっていたので、そのパンフレットには私の住所と電話番号が記されている。そのほとんどが教会に通っているホステスたちなのだから、私のアパートの場所も私の電話番号もすぐにわかるわけである。

発売から二カ月ほど経ったころから、ひっきりなしに電話が鳴るようになった。受話器をとると、いきなり韓国語で「このやろう」「ばかやろう」といった怒声。あらゆる下品な言葉を使って、私を口汚く罵《ののし》る。切ればすぐにまたかかってくる。朝から午後四時ごろまで、何度となくかかってくるが、夕方になるとぴたりと止む。電話攻勢をかけているのは、明らかにそのころから仕事に出かける韓国人ホステスたちなのだ。

韓国人は一般にそうだが、とくにホステスには気性の激しい者が多い。興奮するととても聞くに耐えない言葉を浴びせてくる。しまいには、「いまからお前の家に行って殺してやる」というのまであった。

彼女たちの下品な言葉のなかで最も多かったのが「シッパルニョン」（性を売る奴め）という、きわめて卑《いや》しい者へぶつけるスラングだった。

ようするに彼女たちのいいたいことは、「お前は私たちのあることないことを書いて私たちを卑しめた、それが許せない、お前こそもっとも卑しい奴だ」ということなのである。なかにはホステスではない者たちもいて、それもみんな女性だったが、彼女たちは一様に私を「売国奴《ばいこくど》」といって非難した。祖国の悪口をこともあろうに日本人に話したことが許せない、というのである。

電話をかけてくるホステスたちがみな日本語が読めて、この本の内容を判読したとはとても思えない。だいたいは、ホステスたちが付き合っている日本人が読み、彼らがホステスたちに書かれている内容を話して聞かせるのだ。そしてホステスたちは、自分たちの悪口が内容のほとんどを占めていると誤解し、口から口へと広まっていったのである。

抗議の電話のなかにはこんなものもあった。

「日本人の愛人がこの本を読んで、ホステスたちの正体がわかって、別れ話にまでなってしまい、買ってもらえるはずのマンションがだめになった。だから、あんたが弁償してくれ」

ノイローゼに陥った日々

しばらくすると、アパートのドアをガンガン蹴飛《けと》ばしたり、チャイムをピンポン鳴らしたりしてはすぐさま逃げ去る、といった事態が頻発するようになった。

かなり赤裸々に韓国人ホステスの内情を書いたため、ある程度の反発は予想していたが、これほど激しく卑劣で品のない攻撃にあうとは、思ってもみなかった。

こんな日常が二カ月、三カ月と続いて、私はまったく神経がおかしくなってしまった。電話が鳴ったり、部屋のチャイムが鳴ったりするたびに、心臓がギュッと締めつけられる。ちょっとした物音にもびくつくようになり、ひどいときには何時間も震えがとまらなかったこともある。

こうして、私の教室からも一人去り、二人去りという具合に生徒たちがいなくなり、事実上、日本語教室は続けられなくなっていった。また、ホステスたちの多い教会へも行くことができず、ほとんど家に閉じこもりきりの生活が続いた。

それでも、なかには好意的に感じてくれたホステスたちもいて、お客さんに配るからと、私の本をまとめて買ってくれたり、サイン本を店に置いてくれたりしてもらったこともある。

また、日本人の読者からは、とてもおもしろかったとか、よく書けているというお褒《ほ》めの手紙が、それこそ連日、合計すれば優に一千通を超えて出版社に届けられた。

よく行く韓国食堂の年配の女性は私にこういった。

「あんたの本は歌舞伎町の姿そのままよ。でもあんまりそっくり書いてはいけない」

本当のことを書いたから、書かれた当人たちが怒ったのだといいたいようだ。

連日のホステスたちからの脅迫に似た抗議の電話攻勢には、本当に神経を傷められたが、彼女たちへの怒りはそれほど感じなかった。私は彼女たちの思いを私なりに忠実に日本人に伝えたつもりだったから、いつかはわかってもらいたいという願いのほうが強かったのである。

それよりも、インテリと称する韓国女性たちからの、私を「売国奴」と決めつける抗議には強い反発心をもった。代表的なものの一つに次のような電話があった。

「あんたはホステスたちの母親きどりで書いているけれど、彼女たちはまともな人間じゃないじゃないか。問題は、あんたが韓国の批判を日本人に向けて書いたことなんだ。この売国奴やろう！」

あの本は嘘だといい触らす留学生たち

韓国から来た留学生たちからの批判も間接的に私の耳に届いていた。知り合いの日本人からはこんな話も聞かされた。

「ある留学生とこの本について話したんだが、書かれていることは、全部嘘だといっていた。呉さん、本当はどうなんですか」

嘘だという留学生にも怒りをおぼえたが、私に疑いをもったその日本人にも不信の感情を抑えられなかった。

「嘘か本当か、それはこの本を読んだあなたが判断すればいいことでしょう？　あなたが嘘だと思うなら、私がいくら本当だといってもむだなことでしょうから」

私も神経が過敏になっていて、人のちょっとした言葉尻にもピリピリするようになっていたのである。こんなふうに、「ある韓国人がこんなことをいっていた」「あんなことをいっている」というレベルの話がどんどん耳に入ってくるのは、たまらないことだ。

ホステスたちは、直接、自分たちの感情をむきだしにして電話をしてくるが、留学生たちのは、仲間や知り合いに、あの本はでたらめだと触れ回るというやり方だった。彼らは、書かれていることが事実だとわかっているのに、日本人には、あれは嘘だということで、韓国人としてのプライドを維持していたいのである。

留学生たちの糾弾行動

私は四月から東京外国語大学大学院の修士課程に入った。本当は四月からアメリカかカナダへ一年ほど留学するつもりだったが、本の出版が計画よりも大きく遅れたため準備することができなかった。その間、大学院の試験を受けたのである。

ある日、授業を受けるために東京外大の研究室に行くと、突然、研究室の前で韓国の留学生たちに呼び止められた。

『スカートの風』について話し合いをもちたいというのである。私は、「今日は授業があるからだめだ」というと、「授業よりもこっちの問題のほうが切実じゃないか」と、私を引っ張るようにして連れて行くのである。

小さな教室に三十人ほどの留学生たちがすでに集まっていた。司会者が待機し、真ん中に私が座る席が用意されている。

私がその教室に入るとわざとらしい拍手がおこった。嫌な雰囲気である。はじめは司会者が一人でしゃべっていたが、やがて本の細部にわたっての質問が浴びせられた。たとえば、女子留学生の九五パーセントは専門学校の学生で、なかには酒場でのアルバイトつきで日本へやって来る者が多い、と私が書いたことを指摘して、九五パーセントの根拠をあきらかにしろというのである。

私が、それは「たいはん」という意味であるというと、あなたは「ほとんど」とか「たいはん」とか「まったく」の日本語の使い方がわかっていないと責めるのである。もっと日本語を勉強してから本を書きなさい、とさえいう。だいたい本を出すのに、言葉の使い方が間違っていれば、編集者のほうでそのまま本にすることなどあり得ないのに、そんなことはまるで留学生たちの意識にはないのである。

また、新宿・歌舞伎町には三千人くらいのホステスがいる、と書いたことに、その証拠を出せという。言葉尻をつかまえて、ああだこうだと、いわば言いがかりに等しい質問を浴びせるのだ。

そして、ある女学生から、あなたがこんな本を書くから自分はひどい目にあった、という話がでた。それは、その学生が日本へ行く飛行機のなかで、横に座った日本人から留学生かと聞かれて「そうだ」と答えると、それでは君もホステスをやっているのか、と聞かれたというものである。

私の本のせいで自分たちは、大変な被害を被っている。責任をとれ、と怒るのである。彼女は自分がホステスに間違えられたことが悔しいのである。韓国ではホステス業にかぎらず、水商売はことごとく軽蔑すべき職業だからである。

とにかく、吊るし上げの状態なのだ。それまで、黙って聞いていた日本人の教授が立ち上がって、「ここは議論の場で、糾弾《きゅうだん》の場ではない、一人に対して三十人が攻撃を加えている、これはまったくフェアーな行為とはいえない」と発言した。

韓国人の留学生たちは、これは議論だと反論しながらも、急におとなしくなった。それは、自ら大人げないと思ったのではなく、教官にいわれたから従ったまでだ。韓国人は教師のいいつけはきわめてよく守るのである。

少し留学生たちがおとなしくなったところで、「私は韓国人と日本人、その間にはさまれた自分の精神の位置からこの本を書きたかったのだ」といった。

「それはおかしい、韓国人か日本人かの立場をはっきりしないと本は書けない」

そんな自分勝手な理論を押し付ける。あげ足をとりながら、これは議論だといい張り、罵声《ばせい》を伴った糾弾で吊るし上げる。これが韓国からの留学生たちかとがっかりするほど、とにかくレベルが低いのである。

そんなことがあってから、私はネイティブの韓国人に会うのがすっかり嫌になってしまった。とくに留学生をみかけると、顔をそむけてとおりすぎた。大学でも私の所属するアメリカ研究室のゼミの学生たちとしか会わないようにした。

韓国本国でも、日韓問題を取り上げたテレビ番組に、私の名前が登場したと聞いた。

「日本に行った留学生は韓国のためになる勉強をすべきであって、呉善花のように韓国の批判を日本人相手にするべきではない」

番組ではそういったそうだ。まったく私の本を読みもしないで、「韓国人留学生が日本人に向けて韓国の悪口を書いた」という噂だけが広がっていて、「そういうことはよくないことだ」といっているだけなのだった。

日本人からは好意的な評価

新聞、雑誌、テレビからの取材が頻繁に入るようになって、マスコミの世界などよくわからない私はとまどうばかりだった。インタビューの申し込み、講演や原稿の依頼がつぎつぎに舞い込んでくる。いきなり慣れないことばかりの忙しさに投げ込まれ、韓国人からのたび重なる脅迫じみた抗議の声に相変わらず悩まされながら、毎日が目まぐるしい勢いで過ぎていった。

あるときはインタビューの日を忘れて、部屋を散らかしたままにしていたり、講演の日を一日間違えていて、何の準備もしていないところへ確認をとる先方からの電話が入り、あわてて飛んでいったこともあった。

原稿の依頼に対しても、断るということができず、くるもの全部を引き受けてしまっていた。日本語で書くのだから、ペースが遅い。当然、寝る時間を削ることになる。同じことは書けない。大学院の勉強もあったから、まともに食事をする時間もなく、一日三食をコーヒーとトーストですませながら、ようやく覚えた日本語ワープロと向き合う毎日が続いた。プレッシャーがストレスになって、眠らなければいけないのに眠れない。また、突然、夜中に目が覚めたり、自分の叫び声で飛び起きたり、とすっかり体調をくずしてしまった。

原稿を書くとき、講演をするとき、普通に話すときと、日本語の使い方はそれぞれで異なる。外国人がそれぞれを使い分けながら、内容に説得力や魅力をもたせていく苦労は並大抵ではない。とくに難儀したのは、まったくやったことのない講演である。

いちばん最初に、東京のある地域のロータリークラブから講演の依頼があった。私が自信がないと二の足を踏んでいると、担当の方は、「聴衆をカボチャだと思えば大丈夫ですよ、みな年配者ですから、内容を咀嚼《そしゃく》して聞いてくれますよ。講演の練習と考えて来て下さい」といってくれた。高い講演料をいただくのに、そんなことでいいのかと思いながらも、その言葉に甘えて処女講演に挑むことにした。

会場へ行くと、高い壇の上には「呉善花先生ご講演」と大きく墨で書かれていて、ロータリー旗と日本の国旗が掲げられている。そして、貫禄《かんろく》のある紳士たちが大勢椅子に腰掛けて待っているのだ。もう心臓はドキドキで、目の前が真っ暗になった。

約束の三十分間、何を話したのかさっぱり覚えていない。丁寧に話そうとすればするほど、舌がもつれる。ずいぶん乱暴な話し方だったに違いないのだが、最後には大きな拍手をいただいた。

講演のあとで会の方たちといろいろ話をしたが、しっかり内容を読み取ってくれていたことがわかる。それがわかっただけでも講演に来てよかったと、感謝したい気持ちでいっぱいだった。

一九九一年の夏、『スカートの風』の続編を書き上げ、その年の十月に三交社から発売し、これもまた大好評だった。最初の本には書ききれずに、まだまだ書きたいことがたくさんあったので、T氏からの厳しい注文がありながらも、比較的スラスラと書くことができた。前の本で厳しい特訓を受けたことが役立ち、今度は最初からそれほどの苦痛もなく日本語で書き下ろすことができた。

それでも、韓国人からの猛烈に下品な抗議を受けて気持ちが消沈し、筆が進まなくなったこともたびたびあった。しかし、それ以上に『スカートの風』を読んで感動したという日本人読者からの手紙を読んでは元気づけられ、気を取り直しては書いていた。めいっぱい乗って書いている最中に韓国人からの脅《おど》かしの電話が入り、とても書く気分になれなくなっていると、次には日本人からの励ましの手紙が来て、また気分をもち直して書く気になる。そんな繰り返しのうちに書いたのが『続・スカートの風』だった。

実力以上に原稿や講演の依頼をすべて受けまくったために大変なことになってしまったのだが、そのために猛勉強もしたし、いろいろ調べることもした。そうやって、どんどん知識を深めることができ、自分の考えがだんだん固まっていったことは、大きなメリットだった。

独善でやがて哀しい韓国人

あるとき、東京の日本語学校の先生たちの集まりの会から、『スカートの風』について一時間ほど講演をして欲しいとの依頼を受けた。

私は会場に韓国人が来ていることは知らなかったのだが、主催者側が、日本語学校を出て東大の博士課程に在籍中だという韓国人男性をその席に呼んでいた。その韓国人留学生は一番前の席に座って、私の話を黙って聞いていた。

私の話が終わって質問の時間となり、参加者から活発に手があがった。場の話が盛り上がっていたとき、その韓国人が立ち上がって、つかつかと前に出てマイクを握ったのである。

「みなさん、私は、いままで何もいわずに黙って聞いてきたけど、彼女がどういう人だか知っているのですか。彼女は韓国の軍隊出身なんですよ」

というのである。日本人にはどう通じたかわからないが、彼がいいたいのは、男しか行かない軍隊に入る女はまともではない、ということなのだ。

さらに、「彼女は済州島出身の田舎者で、日本に来ても歌舞伎町のホステスたちと仲良くしているような人間だ」というのである。

「そんな人間が話すことを、あなた方は韓国の代表的な意見であるかのように聞いたり、質問したりして、盛り上がっているというのは、いったいどういうことですか」

そのとき、後ろにいた一人の日本人が、

「失礼なことというな。おまえ出て行け！」

と怒鳴った。

すると、マイクを握っていた韓国人は、

「そっちこそ失礼ではないか、人がせっかく説明してあげているときに怒鳴って」

と応じる。

その韓国人には、なぜ自分が失礼だといわれるのかが、まるでわかっていないのである。やがて彼は、自分を紹介しますといい、私は東大の博士課程にいて、有名な何々先生のもとで、これこれの研究をしている、と自慢げにとうとうと述べたてた。

東大の何々先生は著名な人類学者で、実は私はその先生から『スカートの風』には大変に感動した、立派な本だとお褒めいただき、韓国専門の先生方や日本人学生、韓国人留学生たちが集まったところで話をさせていただいたことがあった。そこには博士課程に在籍する韓国人留学生も何人かいて、彼らも大きく評価してくれていた。しかし、どうやらその学生はその場にはいなかったものらしい。

その韓国人留学生は、韓国人の悪いところまるだしに、どちらの話が正しいかは、自分の高い学歴に照らせばだれでも納得するにきまっている、と思い込んでいるのだ。それに比べて、呉善花の学歴はこんなに低いし、こんなレベルの者と付き合っていて……といいたいのである。

「彼女の話はほとんど嘘なんですよ。そんな話にうなずいて、これが韓国のすべてだと思われることは、とてもたまらない」

そう繰り返すのだが、日本人たちからは、口々に彼への反発の声があがる。

韓国人の彼は、なぜ日本人が自分に反発して怒るのか、まるでわからないのだ。

この場が韓国であれば、一にも二にも、彼の輝かしい高学歴が正統性を保証し、だれもが彼の意見を優先するはずだ。しかし、そうはならない。なぜそうはならないのかが彼にはわからない。

私は彼を哀れに感じた。

主催者側の代表者が彼にいった。

「Kさん、いいですか、今回の呉さんの話が韓国の現実の一〇〇パーセントだなんて、だれも思ってはいませんよ。私たちは、この話も一つの見方、考え方だと受け取っています。心配することはありません。日本人というのはそういうものです」

それで彼の興奮も少しはおさまったようだった。

悪気のない「裸の王様」

ある市で国際親善をテーマにした一般公開の講演会があった。そこで私に「韓国人との付き合い方」という趣旨で話をしてくれないか、という依頼である。

会場には二百人を超す人が集まっていた。そのなかに韓国人の女性が二、三人いたようであった。

そのときも、例によって、私の話が終わったあと、質疑応答のコーナーで話が盛り上がった。なかで、一人の日本人男性からこんな質問が出た。

「私たち日本人は、どうすれば韓国人とうまく付き合えるか、一所懸命考えていて、今日のような会にも参加していますが、韓国人側でも、同じように議論されているのでしょうか」

親善とはいっても、正直に思うままを答えなくてはならない。

「実は、韓国人はあまりしていないのです。残念なことですが、日本人との付き合い方を真剣に考えている韓国人はまだまだ少ないといっていいでしょう。しかし、日本人側から韓国人との付き合い方を模索していけば、やがていつかは韓国人側もわかってくれる日がくるでしょう」

そう答えるしかなかった。

すると、一人の女性が「ハイ」と手を挙げ、「その質問には私が答えます」と立ち上がった。

「私は、韓国の梨花女子大学を出て、うちの父は学校の先生をしていて、私の家族はみな教育者です」

まずは堂々たる自己紹介である。

「私のような教育家庭で生まれた者から見ると、今日の呉さんの話にはおかしいところがたくさんあります。なぜならば、話のなかに日本人が過去にいかに韓国人にひどいことをしたかが一つも出ていないではないですか、そんな大切なことがぬけているような話はそもそもがおかしいんです」

そして彼女は、いま質問した男性に、呉さんに代わって私が答えるとしたら、といって、次のように話した。

「なぜ、韓国人が日本人との付き合い方について勉強しないのかというと、それは、日本人がどれだけ韓国人に対して悪いことをしたかを知れば知るほど、日本について知ろうとする気にならないからです。韓国人が日本のことを学ぼうとしないのは日本人に問題があるからです」

彼女は興奮することもなく冷静にそういった。

一瞬、会場はシーンとなって物音ひとつしない時間が生まれた。会場を見渡すと、どの顔にも諦めとも哀しみともつかないような表情があらわれ、もうだれも質問しようとはしなかった。

その梨花女子大学を卒業したという彼女にとっては、せっかくこんな場がありながら、日本人攻撃をしない私に不満で、高い教育を受けた自分には許せないと感じたのだったろう。

私は彼女のいい分を聞いたあと、日本人たちの顔に一様にあらわれていた表情を、いまでも忘れない。それは、やり場のない苦笑がそのまま凍りついてしまったかのような、何ともやるせない表情だった。

堂々と私論を述べた彼女は、講演会終了後、私のそばに来て、

「今日の話はおもしろかったわよ。ねえ、一緒に写真を撮りませんか」

と、あきれるほどにこやかなのである。さきほどの発言にも、まったく悪気のなかったことがわかる。こういうのを何といったらいいのだろうか。世間を知らず、身の程を知らないお嬢ちゃん、というしかないと思えた。しかし彼女は、典型的な韓国のインテリ女性なのである。

会場にいた二百人近い聴衆にとって、いかに後味のわるい講演会になったかは、彼女に

は思いもよらぬことなのだ。自分は正しい意見を述べた、呉さんもそう思ったでしょう?といわんばかりに、彼女だけがよい後味を味わっているのである。

「日本人が書いた」と報道した『韓国日報』

一九九二年の暮れには、雑誌や新聞に書いたエッセイをまとめて、再び三交社から『新・スカートの風』と題して出版し、これもまたヒットとなった。

こうして、私の噂が韓国にもだんだん広まっていき、私を非難するおかしな記事が韓国の雑誌にちょくちょく登場するようになったころ、とんでもない事態が起きた。『韓国日報』(一九九三年七月二十四日付)に、「『スカートの風』の著者も日本人だと判明した」という内容の記事が、大見出しつきで出たのである。

私は日本にいたので、その記事を見ていない。あわてた韓国の知人から知らせがあって、送られてきたファックスを読んだ。メインタイトル、サブタイトル、見出し、主な内容は次のとおりである。

○日本で飛ぶように売れている韓国誹謗《ひぼう》書籍たち
○韓国人名義出版、嫌韓書籍たち——実際の著者は日本人
○「私が著述」日本人が語る『スカートの風』
○反韓評詮家の作品『醜い韓国人』
「さきごろ、『醜い韓国人』を書いたのは日本人であることがわかり、さまざまに問題になっているが、韓国人呉善花著で知られている『スカートの風』も、日本人のK氏が自分が書いたと告白し、同じ手の本であることが判明された」


たまたま『醜い韓国人』（朴泰赫著／光文社）の著者が日本人だという噂が流されていた真っ最中で、そこで、日本人はどれだけ汚い人たちかというストーリーをつくろうとするのが、彼らの狙いだった。

記事に登場するK氏は実名で書かれていたが、私が大学生時代にアルバイトをしていたビジネスコンサルタント会社の社長である。長い間連絡をとることもなかったが、何はともあれ、あちこちに聞いて所在を確かめ、電話をしてその真意を聞いた。

K氏によれば、記事になったいきさつは次のようなものだという。

K氏は仕事柄、韓国人との付き合いも多い。あるとき、韓国の銀行の駐在員と飲んで、『スカートの風』が話題に出たらしい。そこでK氏は、その著者のことは来日当初からよく知っているし、日本のこともよく教えた、私の教え子のようなものである、とその駐在員に、半分嬉しくて自慢したらしい。ところが、駐在員はそれをどう受け取ったのか、『韓国日報』の東京特派員に「K氏が自分が書いたといった」と喋《しゃべ》ったのである。

酒飲み話を新聞に通報する韓国人銀行員の感覚もいただけないが、「裏」も取らずに大きな記事にする記者もどうかしている。悪意なのか稚拙なのか、その両方に違いない。

私は出版元の三交社のT氏とともに、『韓国日報』東京支社まで抗議に出向いたが、まったく話にならなかった。「たしかにそう聞いたからそう書いたまでだ」といい張るばかり。であるのに、私には韓国語で「なぜ韓国の悪口を書いたのか、日本人に国の汚点を教えるなんて、いったいどういう神経なのか」というのである。自分でも書いた記事を信じていないことが明らかだった。

まあ、こんなジャーナリストの風上にもおけない人たちのことはいいとしても、残念だったのは、この報道を日本のいくつかの媒体や一部の論者が肯定的に取り上げたことだった。日本でも、と思うととても悲しかった。

一つは在日ジャーナリストが出している韓国情報レポートで、これは抗議して相手も了承し訂正文を出させた。ある雑誌の袖《そで》に「噂」として書かれたり、夕刊新聞のコラム記事に書いた日本人もいたが、これらはほうっておいた。

もっとも悲しかったのは、ある在日の学者が新聞に書いたものだ。それは、『醜い韓国人』を日本人の著書ときめつけ、『スカートの風』についても『韓国日報』の「日本人が書いた」との報道を紹介しながら、「相手国の人名を偽称して本を書くような者たちによって、日韓共生時代を築こうとしている両国民の努力と夢が砕かれてはならない」という意味のことを主張したことだった。

立派な名のある学者だと思っていた方だったから、私はこの伝聞を簡単に自分の論に導入して語る無神経さに、大きく打ちのめされた。

「呉善花はいない」というデマ

先にも述べたが、韓国で『日本はない』という本が出版されて、百万部を超えるベストセラーになった。この本のなかで、筆者はかなりの部分を割いて、呉善花はとんでもない人物であると、非難の筆を踊らせている。

「我が国の歴史や状況について平均的水準にもなっていない知識をもつ彼女は、最近日本で完全に『韓国問題専門家』として待遇を受けている。おそらく普通の日本人には、彼女が韓国に対してどのくらい知識があり、どのくらい正確な知識とバランスのとれた思考をもっているかは、何の問題にもなっていないのだ」

そして彼女は、韓国人留学生や韓国新聞社の特派員たちの間で、こういう本を出させないようにすることが話されたといっている。

「呉善花問題が悶着《もんちゃく》を起こすようになりはじめたころ、留学生はもちろん、東京特派員団の間でもこの問題をどうするかが論議された。興奮した留学生たちは、日本でこのような本が出ないようにしなければならないと主張した。韓国を削り落とすような、とんでもない本を教材に使う日本人教授がいるかと思えば、授業時間では『はじめて韓国人が韓国人を最も客観的に眺めた本』が出てきたといい、ゼミの主題にして韓国人の学生たちに無理やり討論させた日本人の教授もいるという。こうした教授たちは、ふだんは韓国のことを『つまらない国が自分の自慢をしている』と考えている者たちだということだ」

大半の韓国人は、私の著書なり雑誌に掲載した論評は、日本語で書かれているため実際には読んでいない。日本にいる韓国人から伝聞として聞くだけである。

この『日本はない』によって、私の「悪名」は韓国全土に広まってしまった。韓国にいる学生時代の友人たちも、多くがこの本を読んで、東京にいる私に電話をしてきた。

「何か心配になって電話したのよ。ずいぶんとあなたのことが悪く書いてあるので、日本で何をしているのかと思って」

あちこちから、いろいろな話が入る。私はそのたびに、この本に書かれている嘘をいちいち説明しなければならなかった。

『日本はない』の嘘の最大のものは、「呉善花はいない」というものである。

いないといわれても、ここにこうしているから困ってしまう。この本の著者は、どういうわけか、私の生年を一九五七年と思い込んでいて、わざわざ大使館に行って、その年生まれの呉善花なる人物は日本に入国していないという「事実」を調べ上げたのだという。そして、呉善花は捏造《ねつぞう》された人物であると断定する。

そのとおりである。五七年生まれの呉善花はいない。私は五六年生まれであるからだ。私の本の巻末に私の略歴がある。いずれも間違いなく、『一九五六年、韓国済州島生まれ」と書かれている。『日本はない』の著者はいったいどこで五七年と思い込んだのか。

また、呉善花が戸籍名でないことは、『スカートの風』のなかにちゃんと書いてある。いくらそういう人物を調べてもいるわけがない。彼女が私の本を読まずに、乱れ飛んでいた噂や情報だけを根拠に書いたことは明らかだ。私は本のなかで書いたように、韓国では、男の子が欲しい場合、男の名前をつけるという風習があり、私の場合も、それが戸籍名になっているが、日常的にはずっと善花と呼ばれてきたのである。

また、この著者は私がテレビに出演しているのを見て、日本語がものすごく下手だ、というのである。上手い下手は比較論だから、一概に何ともいえない。この著者は、私がコメントを求められたとき、「ええー、あのー」など、いいよどんでいるのが気になったらしい。ばかばかしいことだ。

いずれにしても、自分の印象で、そんなに日本語が下手な人間が本を書けるわけがない、と決めつけたのである。

またこの本で彼女は、私が『スカートの風』を出版した後、わずか二、三カ月の間に二冊の本を書いた、そんなことができるわけがない、だから本人が書いたのではないと、とんでもないことをいっている。

もちろん、そんなことはできるわけがない。私は『スカートの風』を九〇年十二月に出版し、九一年十月に『続・スカートの風』を、九二年十二月に『新・スカートの風』を出した。ほぼ一年に一冊のペースである。

事実誤認と悪意に満ちた憶測《おくそく》で書かれた本としかいいようがない。韓国や日本での紹介は、梨花女子大出で韓国ＫＢＳの日本特派員だった才女ということだが、こんな人物が韓国の才女と思われてはたまったものではない。

まったく迷惑な話だ。実家の親兄弟もびっくりしたようで、著者と出版社を相手取って訴えたほうがいいのではないかといって憤慨していた。

「第二の従軍慰安婦」

私の「悪評」はもはや韓国では定評になった。

私は大学院を修士課程で修了し、一九九四年から四年ほど、新潟産業大学で非常勤の講師をしていた。この大学には何人かの韓国人留学生がやって来る。その一人から、こんなことを聞かされた。

「私は、韓国にいるころ『日本はない』という本を読んで、日本にはとんでもないことをする韓国人がいるのだと思っていた。そして、日本に来てみたら、そのとんでもない人が自分の先生になった。驚くとともに自分の運の悪さを嘆いた。何で呉先生は、そんな悪いことをするのだろう。もう先生の顔も見たくないが、単位を取るため仕方なく出席している。私は何でこんな目にあわなければならないのだろう」

これは、私が留学生の近況を聞くために課した夏休みのレポートに書かれていたことである。本当に嫌な気持ちだったが、この学生を責めることはできない。ある意味では、このバカ正直なまでの率直さは韓国人のいいところでもある。しかし、なぜそうもたやすく一方的に信じてしまうのか。そういう国民性がマスコミには恰好の餌食《えじき》とされてしまうのだ。『日本はない』の著者も特派員として日本に来ていた。さきほども述べたように、初歩的な調査欠陥から私の生年を間違え、私は存在しないことになった。そう書きながらも後半のほうでは、日本の右翼が私を買収して、韓国の悪口を書かせているとの非難に変わるのである。まったく返す言葉もない。

知り合いの韓国人ジャーナリストによると、実は以前から一部の韓国特派員のなかに、「呉善花という人物を何とか活動できないようにしよう」という声があったという。真偽はわからないが、いずれにしても、彼らが展開した論調も取材方法も、中学校のクラス新聞をつくる生徒たちすら、恥ずかしくなるような出来でしかなかった。

『日本はない』の筆者は、私を「第二の従軍慰安婦」と呼ぶ。

意味するところは、日本で日本人を本という手段で慰安する女だ、というものだ。彼女の本では、従軍慰安婦問題が大きく取り扱われ、韓国の女たちがいかに悲惨な目にあったか、いかに日本人はひどいか、ナチス同様の種の抹殺をもくろんだのだと、話にならない非難を繰り広げている。

この筆者が本当に従軍慰安婦といわれるお婆さんたちに同情を寄せるなら、私に「第二の」という呼称を与えるわけがない。なぜなら彼女は私を「卑劣な韓国人」であり「売国奴」だという観点で非難しているからだ。

この『日本はない』が韓国で大評判になっていたとき、私が東京の韓国大使館のある領事と話したおりにたまたまその話題が出たが、領事は次のようにいっていた。

「『日本はない』はまったく品のない本で、自分も数ページを読んで嫌になり本を捨ててしまいました。でも、かなり韓国で売れているということで日本のマスコミが取り上げることにもなり、困ったことだと思っています」

その領事は、韓国の一流大学を出て、一流テレビ局のジャーナリストだった者の書いた本があんなに下品で、しかも韓国でベストセラーになっているということは、韓国人の馬鹿さかげんを日本人にさらすようなものだといい、他方で私の『スカートの風』を高く評価して下さった。

取材に来てボロを出した韓国テレビクルー

『日本はない』が韓国で出版されてしばらくしたころ、韓国から、はじめはおかしく、やがて哀しい一組のテレビ取材班がやって来た。

彼らは、韓国ですでに台本を完成させて、その流れに合うような「絵」を日本に撮りに来たのである。

喜劇は、私の『スカートの風』シリーズの出版元である三交社に押しかけたときからはじまる。

クルーたちの台本には、呉善花は架空の人物である、と書いてあるので、まず出版社を攻めれば本人がいないことがわかるだろうと考えた。ところが出版社のほうは、クルーたちがあまりにもしつこいので、新聞に載った写真をそのまま記事といっしょにコピーしてやり、私が新潟産業大学に勤めていることを教えたのである。

あとで聞いてみたところによると、「まさか、本当にいるなんて」と心から驚いたという。それでも彼らは半信半疑で、その日のうちに東京から新潟まで車を飛ばして大学までやって来て、私が大学に来るのを待ちかまえたのである。

私が校門に入ると、彼らが近寄ってきた。いろいろ確かめたいことがあるので話を聞きたいと、勝手なことをいう。仕方なく、これから授業なので、まあ授業でも聞きながら待っていてほしい、ただしカメラは回さないように、といって授業に出た。

私の「韓国事情」の講義の場となる教室は大きくて、二百五十人ほどの学生が出席していた。なかには韓国人の留学生に交じって、欧米からの留学生も数人いた。彼らは静かに私の講義を聞いていた。といっても日本語がわからないから、ただ黙って、学生たちの様子を見ていたに過ぎない。

講義が終わったあとの彼らのようすは、初対面の高圧的で刺々《とげとげ》しい感じとは明らかに違っていた。

私の講義内容は韓国および朝鮮半島の現状に関するもので、それは、黒板に掲げた地図や話のニュアンスで理解したらしい。

「先生の韓国についての講義は世界の人々にまで広がっているんですね。すごく有意義なことをなさっているんですね」

世界の人々というのは講義に出席していた欧米からの留学生たちのことだ。彼らはどうやら、授業中に韓国人留学生からある程度の授業内容を聞いたようだった。

彼らが用意していた台本には、呉善花はいないとなっているため、彼らは本当に困ってしまったようだった。だから、取ってつけたような質問しかできない。

「済州島出身でソウルに行ったこともないようなあなたが、どうして韓国についての本が書けるのか」

などという。

「私の本を読んでいないんじゃないの。私の住民票はまだソウルにあるのよ。高校卒業後からはずっとソウルにいたことぐらい、ちゃんと調べてから来るべきでしょう」

そういっておいて、もうそんなちんぷんかんぷんな質問はやめてほしいといった。

彼らは、一週間も前に日本に来て、私を探していたという。いったいどんな探し方をしたのかといろいろと聞いてみると、本格的に探したわけではなく、一週間遊んで取材費を浪費しただけであることがわかった。それでも、恥ずかしげもなくぬけぬけと「一週間も探した」というのである。だいたい、取材とは何かのイロハも知らないのである。テレビ取材班といっても素人に毛が生えたようなもので、こんな連中にかかっては、自分たちの調査力のなさを棚にあげて、本当に、呉善花はいなかった、などといわれかねない。

私は東京でゆっくり『スカートの風』を書いた経緯とその反響について話すことを約束して、いったん引き揚げてもらうことにした。

ジャーナリスト失格の韓国テレビマン

東京で会った彼らは、いたっておとなしかった。まず、私は、『日本はない』を読んだかと聞いた。すると、驚いたことに読んでいないという。では、なぜ、呉善花はいないという取材をすることになったのかと尋ねると、そういう噂だからだという。世間に流布されている噂から台本を先につくって、それも一時間の教養番組に仕立てようとしていたのである。あきれてものがいえない。

私の『スカートの風』は日本語だから読めないだろうが（韓国語版はあったが、部数が少なくほとんど手に入らなかった）、いやしくもジャーナリストならば、だれかに抄訳《しょうやく》でもしてもらって目を通しておくべきだろう。しかも、問題となった私の悪口を書いてある韓国のベストセラーさえも読んでいないのだ。

読んでもいないのに、『日本はない』に書かれたとおりに、呉善花なる人物が一九五七年生まれだと主張していること、二カ月の間に二冊の本を出したということ、などを実在しない理由に挙げて番組をつくろうとしていたのである。私は『日本はない』を出して、私に触れた部分を指摘し、同時に三冊の『スカートの風』シリーズを彼らに見せ、略歴にある生年とそれぞれの本の発行年を示してやった。彼らは深い溜め息をついた。

次に私は、彼らが気にしていること、つまり私の本によって日本人の韓国に対するイメージが悪くなっている、という点について、日本人読者からのいくつかの手紙と、新聞に掲載されたいくつかの書評を、直訳しながら彼らに読んで聞かせた。その多くが、韓国人と仲良くやっていくことが大切なことを述べ、この本でその道がより開けることを期待する、といった文面だった。

彼らは聞き終わると、「よくわかった」と何度もうなずいていた。

私が「韓国のテレビ番組のつくり方はひどい」というと、彼らは「そうなんです、まだ発展途上国ですからね」と嘆くのである。本当に正直な人たちなのである。

「それがわかっていれば、何とか一歩でも前進させようと、あなたたち若いスタッフが使命感に燃えて頑張ってほしい」

私は励ます役になり、何とも奇妙なことになってしまった。

なお、この番組の別のスタッフは済州島の私の実家に取材に行っていた。私の父に、善花は本当にいるのかと聞いている。そして、『スカートの風』は本当に善花が書いたのかと問い詰めたという。

そんな、子どもがするような質問をして困らせているだけなのだ。

結局、この企画はぽしゃった。実家から聞いたところでは、私の問題はまったく抜きに、『醜い韓国人』問題だけで番組を構成したのである。ただ、そこで「日本人が書いた」とは決めつけず、これからの日韓のあり方を冷静に考えようというトーンだったという。少しは彼らの良心が番組に生かされたのかもしれなかった。

安企部の暗躍

一九九七年のこと。教科書問題と従軍慰安婦問題についてのシンポジウムがあって、私を含めた四人のパネリストがそれぞれ約一時間くらい話をした。

翌日、『産経新聞』に発言の内容が一人一言ずつ載った。小さな記事である。

そして、その翌日、『韓国日報』が東京特派員発として、

「日本人を上回る呉善花の妄言《ぼうげん》」

と大見出しを躍らせたのである。ただその記事のなかでは、「産経新聞によると」となっていた。

このシンポジウムは前から告知していて、だれでも聞きに来ることができる。特派員を置くなら会場に来て取材するのが当たり前である。それを日本の新聞の小さな記事から引用して、針小棒大に大きな記事をつくる。またまたジャーナリスト失格を露呈したわけで、しかも作為があからさまである。

記事は、「韓国女性を誹謗《ひぼう》して『スカートの風』を書き、日本を振り回し揺るがした呉善花が、今回は日本の右派団体に入って、従軍慰安婦問題について人々を惑わしている」といった内容である。

私の発言は、

「韓国にいたころは、小さいころからずっと従軍慰安婦という言葉は聞いたことがない。

また、数多くの日帝批判を聞かされてきたが、日本軍が強制的に韓国女性を慰安所へ送ったという話はまったく聞いたことがない。それがなぜ最近になっていわれはじめるのか、それを考えなければならない」

というものだ。

『産経新聞』は、そのまま、呉善花氏は「従軍慰安婦という言葉は聞いたことがないといった」としているのだが、『韓国日報』の記事では、

「呉善花は、従軍慰安婦はいなかったと証言した」

となっているのだ。

いかにでたらめな記事であることかといっても、もうしようがないという気分だ。韓国のマスコミはこれほどに低級だと思い定め、溜め息をついてあきらめるしかない。

ところが、問題はそれだけではすまなかった。そのまた翌日、『韓国日報』の記事を手に、韓国安企部（ＡＮＳＰ／国家安全企画部）の要員が二人一組で急遽《きゅうきょ》別働隊を組み、同時に私の実家や親戚の家を計五カ所、私の身元調査のためと称してまわり、はっきりいって暗黙の脅しをもっての「嫌がらせ」をしたのである。

安企部とは公安警察、かつてのＫＣＩＡ（韓国中央情報部）の後身である。

早速、韓国の家族たちから国際電話が入る。

「いったいどうしたんだい。お前についての新聞記事のコピーをみんなもっていっちゃったよ」

私は怒り心頭に発して、済州島の警察署に電話をした。彼らが安企部の仕事をしていたというからだ。電話に出た担当官は、私の実家のすぐ近くの村に住んでいる者だった。こうなると韓国人はすぐに親しみを感じて、だいたいは何でも話してしまうことになる。ここがいいところなのだけれども……。彼がいうには、

「不穏な発言が新聞に載ったので、急遽身元を調査した」

ということだった。

中央からの指令なのかどうか、そのへんは話してくれなかった。ついでに、私が韓国に帰っても困ったことにはならないか、と聞いてみた。

「大丈夫、大丈夫、帰ったらぜひこちらに寄って下さい、いろいろ話を聞きたいから」

これは危ない、と思った。拘留《こうりゅう》はしないまでも、出国停止くらいは平気でやるところだ。上のほうから何かするとは思わないが、下のほうが嫌がらせをして引き留め、権力を誇示したり、暗黙のうちに金品を要求したりすることは、これまでの韓国ではいくらでもあっ

たことだった。

あとで聞いた話では、私の学校の同期生の何人かも、安企部の者だという人物から、私のことをいろいろ聞かれたという。

韓国人の意識の深層を形づくる中華主義

三交杜のT氏は、『スカートの風』出版前に、「この本が出れば、続々とあなたに続く韓国人が出てくるに違いない。そうなると厳しい勝負になりますね」といった。私は「それはまずあり得ません、賭けてもいいですよ」といったことを覚えている。そして、いまなお、そのとおりの状態が続いている。

そのときT氏はこう思ったのだという。

韓国のインテリたちは、根本的な自国批判、自民族批判をやりたくてもできない、という国内ムードに縛られているのではないか。とすれば、この本が出てそれなりに日本で受け入れられれば、きっと堰《せき》を切ったように韓国人による日本を舞台にした自由な言論が展開されるようになるに違いない――。

そうではない。自国批判、自民族批判は国内ではかなりやるのである。しかし、それが日本との比較で劣位な印象を与えるものについては、国内でも公の場ではまず出ることがない。ましてや、日本のまっただなかで、そうした議論が展開されることなど、まだまだ当分の間起きるわけがないのである。

なぜかといえば、極端にいえば反日であることが愛国であるという感覚が、知識人ほど強く身にしみついているからである。親日的だといわれる人ですら、日本との比較ではけっして韓国を劣位におくことはしない。どこかで劣位においたとしても、それには必ず別のいいわけがつけられ、本当の意味では劣位ではない、といった表現をする。

だから、一般的な韓国知識人にとっての日本に対する姿勢は、本当は反日というよりは、優劣の問題なのである。ようするに、自民族優位主義（エスノセントリズム）が韓国知識人の支柱なのである。

自民族優位主義は、戦後の独立新興国のどこにもあったもので、その意味では韓国もまた例外ではない。ただ、自民族優位主義はとうぜん他民族蔑視の観点を含み、その蔑視の対象を日本に定めているところが、韓国や北朝鮮がほかの諸国と異なるところである。世界中どこを探しても、ことさらに日本を蔑視する自民族優位主義をもった国などあるわけもない。そこが韓国という「国体」を考える最も重要なポイントである。

韓国の自民族優位主義に基づく反日思想は、植民地支配にかかわることはいうまでもないが、自民族優位主義と日本蔑視の観点そのものは、日韓併合への流れから起きたものではない。

自民族優位主義と日本蔑視の観点は、韓国に古くからある中華主義と華夷《かい》秩序の世界観にしっかりと根づいて続いてきたものだ。華夷秩序とは、中央の中華文明が人間の世界でその外は夷という非人間が住む世界だ、という考えに基づいて生み出された東アジアの古代以来の世界秩序を意味する。韓国はずっと中華文明圏にあり続け、日本はずっとその外にあり続けた。さらに明《みん》滅亡以後は、自らこそ唯一の正統な中華文明の継承者だという「小中華主義」を生み、中国以上に強固な中華主義をもつようになっていった。

そういう経緯から、自らは高度で優秀な文明人であり、日本人は低級で劣った非文明人だという価値観が、古代以来近世にいたるまで続き、それが韓国人の意識の深層を形成したまま現在にいたっているのである。

そこをはっきり押さえておかないと、韓国人にだけ特徴的な対日姿勢はまったく理解することができなくなる。

もう一つ、ここでは多くを語ることはできないが、戦後韓国の漢字を廃止してのハングル一本槍での教育の弊害は、日本人が想像する以上に大きなものがある、ということである。

漢字の廃止は韓国人から抽象度の高い思考をする手だてを奪ってしまった。韓国も日本と同じように、概念語のほとんどが漢字語である。そういう文化で育ってきたため、高度な概念を漢字の表意性を抜きに、表音性だけで自在に用いることには、さまざまな無理が伴う。

日本の朝鮮統治の問題一つとってみても、韓国人が日常的な感覚を脱した話が容易にできないのもそのためである。けっして、中華主義と反日思想だけからのことではない。生活感覚を離れた抽象度の高い話が、多くのハングル世代の韓国人には通じないのである。

経済危機をきっかけに、ようやく変化を見せはじめた韓国

『スカートの風』出版から七年ほど経った一九九七年の暮れ、韓国は突然見舞われた金融危機をきっかけに、経済活動がほとんど停止状態になり、大きなショックを受けることに

なった。

初期にはそれを強大国のせいにしたりすることに終始していたが、やがて、だんだんと韓国人自身のあり方への反省が出るようになっていった。経済不況に襲われたとたんに足元が崩れ、一気に自力再建が不可能な状態に陥り、海外の援助を受けるしかなくなってしまった韓国の基盤の脆《もろ》さを、嫌というほど痛感させられたのである。

一方の日本は、未曾有《みぞう》の大不況下にあるといわれながらも、国の経済が潰れることはないし、失業率が高いとはいっても、町はいつもと同じような平静さを保っている。もちろん、外国の援助などまったく必要としていない。

今度こそ、きちんと日本を学ぼう、日本を見直そうという動きが出るようになってきた。そしていまや、韓国では雨後の筍《たけのこ》のように、韓国を批判する一方で、「日本に学ぼう」という趣旨の本が次々に出版されている。「『日本はない』とか『日本に学んではいけない』とかよくいうものだ。そんなにほかから学ぶ必要のない国が、地震でもないのに橋が落ちたり（しかも日帝時代に日本が架けた橋は落ちていない）、デパートの建物が崩壊するのはどういうわけか。経済が没落するのはどういうわけか」といったことを盛んに主張している本もあった。

また、金大中大統領になってから、安企部の者たちが不正で大勢逮捕されることにもなり、昔のように権力を笠《かさ》に着てのいいかげんなことはできなくなった。私の『スカートの風』も、小さな雑誌だが客観的に取り上げるものも出てきた。

韓国は経済危機をきっかけに、大きく変わろうとしているのかもしれない。それにしても、依然として日本に対する民族的な優越意識が崩れたとはいえない。韓国が変わろうとしていることは事実だが、もはや変わったとみてはいけない。

私はどうやって自民族優位主義を脱することができたのか

当時のT氏が観測を誤ったのも、この点への観測が甘かったためだと思う。もちろんT氏を非難しているわけではない。多くの日本人が当然そう考えるだろうからである。日本人はなぜか韓国人をよく見よう、よく見ようとする。それはほかの諸国の人々に対しても同じようだが、こと韓国人については、日本人の大部分が無意識のうちに罪の意識をもっていて、それが働いてことさらによく見ようとしていることを感じる。それが、韓国と韓民族への見方を甘くするのである。

最も大きいのが、韓国の反日姿勢は植民地時代についての日本人の反省によって融解する、と考える甘さである。そうではない。自民族優位主義と日本蔑視観のベースにある中華主義、華夷秩序の世界観が崩れなくては、韓国は変わりようがないのである。

もちろん、現代の韓国人が文字どおりの中華主義、華夷秩序の世界観をもっているということではない。それは、現代日本人が文字どおりの「天皇制」の世界観をもってはいないのと同じことだ。しかし、私にいわせれば、日本人はよくも悪くも、深層での天皇制主義者なのではないか。いずれにしても、戦後の「象徴天皇制」を無視して日本の発展はけっして語れないと私は思う。その意味で、戦後の韓国の「反日」もまた、実は深層の中華主義を無視して語ることはできないのである。

私はいうまでもなく、強固な自民族優位主義と日本蔑視観をもった韓国人だった。そしていまは、ようやくそこを脱することができたと思っている。戦後の日本人は、悪しき面の「天皇制」をきちんと批判し、そのよき面を評価してきたと思う。私が批判してきたのも、悪しき面の「中華主義」のつもりである。いまはまだよき面の「中華主義」を論ずるときではないからである。

なぜ私は、ガチガチの反日世代そのままの考えできたのに、脱することができたのだろうか。自分でもよくわからず、それを自分で探るために書いたのがこの本だともいえる。蔑視の対象である日本の実際を知っていったから起きたことであるのはいうまでもない。

しかし、どうやってそういう筋道を自分でつくっていけたのかはよくわからない。

いま、私はもしかしたら故郷の済州島にヒントがあるのかもしれないと思っている。それが何かはわからないが、それが何なのかをたしかめたい。

私は幼年期を済州島で過ごし、青年期を半島で過ごした。何が探れるかはわからないが、いま少し、当時のことを思い返してみたいと思う。

第4章

済州島の女たち

——その逞しき生活力の秘密

済州島の太陽

済州島はサツマイモを横にしたような形の東西に長い島で、私が生まれ育ったのは、その東端の岬に近い村である。

済州島は俗に「三多島」とも「三無島」ともいわれる。三多とは、風と石と女が多い、という意味である。半島に比較して台風が多くて風が強い。また火山島であるため石が多く、家は石で建てるのが普通だ。女が多いというのは、済州島では女が家の外へ出て働くのが伝統だからだ。したがって、外では女しか見えない、ということになる。

三無とは、泥棒がいない、物乞《ものご》いがいない、門がない、ということだ。そういう意味では、中央の文化からはほど遠い、素朴で平穏なる日常のある島なのである。

私の家族は両親と、兄が一人、姉が二人、弟が一人、妹が一人の六人兄弟姉妹。自分たちが耕す畑のほかにいくらかの農地をもち、それを他人に貸していた。村では比較的豊かな農家だった。

父と母は朝の四時、五時に起きて畑に出る。私たち兄弟も早くに起こされ、家や庭の掃除などをして働き、ある者は畑を手伝い、ある者は両親の朝食を畑まで届け、ある者は学校へ行く。

日の出前、私たち兄弟はよく家の近くの丘に登って、太陽が水平線から顔を出すのを待ち構えた。そこから見ると、日の出の太陽はちょうど島の最東端の岬の横の水平線に出る。この岬は「日出岬」と名づけられていて、この岬に昇る太陽が済州島のなかでは最も美しいといわれている。

日出岬は、済州島の真ん中の、いまは休火山となっているハルラ山から、その昔火山岩が飛んできて鎮座した大きな四角の岩山である。その岩山が半島のように海に突き出ていて、その前に海が広がっている。

私の村の浜辺の丘から見ると、左側に岬の岩山が立ち、その右側に広がる水平線から太陽や月が昇るのである。

水平線の一点が明るくなりはじめると、日出岬の黒い岩壁がキラキラと輝き出す。やがて真っ赤な太陽が水平線に頭をのぞかせる。その動きは速く、グングンと上昇していって、大きく真っ赤な丸い球となって水平線を離れようとする。その瞬間、球の底をそれより幅の大きな台のようなものが、昇ろうとする球をまるで引き込もうとするかのように支えているのが見える。が、すぐに太陽は跳ねるようにして水平線を飛び出し、同時にその台は海のなかに潜っていく。

私は海に沈む、その赤い台のようなものを、「子どもをこの世へ送り出して、やがて帰ってくるお日さまをあの世で待っているお母さん」というふうに感じていた。また、この海からはお月さまも昇るのだ。

幼いころの私は、お日さまのお母さんが戻って行った、あの東の海の彼方には、いったいどんな世界があるのかと、いつも不思議な世界を空想して遊んでいた。

ある日、私は母に、

「あのお日さまはどこから来るのでしょうね」

と聞いてみた。

「海の向こうの東の世界よ。そこには日本という国があって、あなたの叔父さんたちが住んでいるのよ」

母は戦前、しばらくの間、兄弟たちが働く日本の大阪に住んでいたことがあるという。母の兄弟は一人をのぞいてみな大阪で暮らしていた。母はいまの父との結婚話があって、戦時中に韓国に戻ったのである。

母は、私がそんな話をしたのをきっかけに、兄弟への思いや、戦前日本にいたころの思い出を懐かしそうに話してくれた。

私は母の話を聞いて、私が夢想した海の彼方の不思議な世界に、私自身がつながりのあることを知り、何か「私はすごいんだ」という感慨で胸がいっぱいになったことを覚えている。海の彼方の世界と自分との結びつきを知ったことが、嬉しくて嬉しくて仕方がなかった。

日本は叔父さんたちの住んでいる国、大きくなったら日本に行きたいと思った。

ミカンがおいしくて、いつもお風呂に入れる国

叔父さんの住む国、日本。母が若いころ住んでいた国、日本。私も私の兄弟も母から同じように日本のことをよく聞かされていた。

母は、日本のミカンはとても甘くておいしい、といった。韓国ではミカンは温暖な済州島でしか採れない。私の子どものころの島にあった品種は、夏ミカンではないが、日本のものよりは大分《だいぶ》すっぱかった。

母はまた、日本人はとても親切で、道に迷って「駅はどこですか」と尋ねたりすると、みんなとても丁寧に教えてくれるといっていた。

お風呂の話も印象に残った。

韓国は伝統的にそうだったように、当時の韓国にはまだお風呂に入る習慣はなかった。日本の影響でできた銭湯が都会の一部に少しはあったが、上流階級の豪邸でも、簡単に身体を洗ったり拭いたりするスペースはあったが、湯船のあるお風呂はなかった。まして、一般の庶民の家庭では、月に二、三度、湯を使えばいいほうだった。田舎ではふつう、台所でお湯を使い、汗を流す程度であった。

済州島は半島よりも日本の影響を強く受けたものか、村に共同で使う「五右衛門風呂」のようなものがあった。入りたい者がそれぞれ薪《まき》をもちよって、その大きな釜に湯を沸かして入った。

そんな時代だったから、日本のお風呂や銭湯の習慣、また日本には各地に温泉があるといった母の話は、私が夢想する「海の彼方の国」の魅力をいっそう引き立てていた。昼間の仕事の垢《あか》を夜には風呂に浸《つ》かって洗い流す。とてもうらやましく感じたものである。

最近の韓国では、日本以上にサウナ風の浴場があちこちにできているし、個人の家に立派な内風呂のあることもすでに珍しいことではなくなり、すっかり風呂ブームが定着している。

とはいっても、韓国人の風呂好きは、日本人がお湯に浸かって「極楽、極楽」と感じるようなものとは違う。サウナで汗を流し、垢をこすり落とし、すっきりと清潔になった気分を味わうのである。韓国人は、食べ物はおいしければいい、風呂は清潔になればいい、というように、きわめて実利主義的なのである。

日本人はそこに、精神的、文化的な味わいを付加するけれども、韓国人にはあまりそういう感覚は強くない。

日本語のうまい子

幼いころの私には、日本といえば甘いミカンと毎日入れるお風呂、この二つの印象が強かった。いつかは叔父さんのいる日本に行って、思いっきりミカンを食べ、お風呂に入ろうと、そんな気持ちで日本を思っていた。

不思議なことに、私の兄弟はみな同じように母から日本の話を聞いているのに、なぜか私だけが人一倍、日本への関心が強かった。いまから思えば、それは日本というよりは、「海の彼方の世界」そのものへの関心だったと思う。

母が話した日本のことも、母が口にした日本語の単語も、私だけが覚えていたのである。そのため、私が日本に渡ったとき、韓国の姉の間では、

「あの子は子どものころから、日本語の単語をよく覚えて、日本、日本といっていたからねえ」

といった納得の仕方をしていたそうである。当時の本人としては、そんなことはすっかり忘れていたのだったが。

母が教えてくれた日本語は、アワビ、ワカメ、フネ、サカナなどの簡単な二十ほどの単語だった。日本は当時の私にも母にも「海の彼方」がキーワードだったから、自ずと海に関する単語が多かったようだ。

済州島の村では、たびたび海岸近くで民俗行事が行われる。ムーダン（韓国の巫女《みこ》さん）が行う祭事で「クッ」と呼ばれている。当時の済州島ではそれが最も大きな行事で、私たち子どもはその賑わいの日を集しみにしていた。

ある「クッ」の日に、祭事が一通り終わったあと、ムーダンのおばさんが私を呼んで「日

本語をやりなさい」というのである。そのころ、私が母から口伝えで覚えた日本語を、大人に会えばいってみせて得意になっていたので、私は村で「日本語のうまい子」といわれていたのだった。

私は「任せなさい」とばかりにしゃしゃり出て、母との間で掛け合い歌のようになっていたリズムで、韓国語―日本語の単語を並べてみせる。

「パダ―ウミ、ムルコギ―サカナ、ペ―フネ、チョンボク―アワビ……」

拍手喝采だった。シャーマンのおばさんは、「よく覚えたね、賢い子ね」と笑顔を満面にうかべ、私にお菓子をくれる。鼻高々の私。それ以来、村の「クッ」ではちょくちょく私の「日本語」をやることになった。

学があることは反日であること

おそらく、あのムーダンのおばさんたちは日本語が話せたのだと思う。彼女たちの世代はみんな日本語教育を受けていたが、彼女たちの世代にとって、当時の体験が思い出すのも嫌な屈辱に満ちたものであったとは、とうてい思えない。そうであったなら、いかに幼い者が無邪気に口に出したものとはいえ、得意気に「日本語」をやってみせる私の頭を村の大人たちが「よくできた」となでてくれたり、ムーダンたちが「クッ」の行事で私に日本語をいわせてみんなで楽しむなど、あろうはずがない。

しかし、暗黙のうちに「親日」がタブーになっていたのはたしかだ。私が日本に渡ってから、ビジネスのついでに日本人を伴って故郷に立ち寄ったとき、父がその日本人に流暢《りゅうちょう》な日本語で話しかけていたのには、私は心から驚いた。私は幼いときから、父が日本語を口にするのを聞いたことは一度もなかったし、日本について話をしたこともほとんどなかった。だから父は日本語を知らないのだとずっと思っていたのである。

母から教わったわずかな日本の言葉、そして断片的に聞く日本の話。私にとって、日本は近くて親しみのある国だった。実際、まわりの大人たちから聞く話も、けっして日本に対して悪い話はなかった。

しかし、小学校に入り、学年を重ねていくと、「日本人はいかに韓国にひどいことをしたか」ということを教えられることになる。

教室の黒板のうえには、真ん中に大統領の写真が掲げられ、その両脇に「反共」「反日」と大きく書かれたポスターが貼ってある。

反共の「共」はそのまま北朝鮮を指し、いかに共産主義が邪悪で恐ろしい思想かを教わり、その一方で日本人がいかに悪いことをしたかを教わる。戦後の韓国は、この二つの中心軸をもって民族主義的なイデオロギー教育を展開してきたのである。

こんな教育を受ければ、どんな人でも必ず反日感情をもつことになる。

日本へ行ってから、知り合いになった台湾人にそのことをいうと、「そんなことはないでしょう」という。「なぜか」と聞くと、「学校ではすさまじい反日教育を受けた一方、家庭や地域で聞くのは大部分がその反対のことばかりだったからだ」という。

私の場合、家へ帰って学校で教わったそのままに「日本人てひどい人たちなのだ」といったことを語ると、父も母も無言で応じたり、適当にあいづちを打つばかりだった。私はそのことが不満で、お父さんやお母さんは学歴の低い田舎者だから、何もわかっていないんだと思うようになっていった。

田舎のおばさん、おじさんたちほど、反日意識が弱いのは、彼らには学がなく無知であるからだ、というういい方は一般的にもよくされた。高い教育を受けた者は反日意識が高いという常識があるため、自分もそういう子どもだと思われたい、それにふさわしく反日意識を強くもたねば、という気持ちにもなっていく。

私は、小学校高学年あたりから、そのことで大きく迷った。

叔父さんたちが住んでいて、ミカンがたわわに実り、泥棒する人もいない、しかもお風呂に毎日入れて、人は親切だという日本。その国の言葉をいってみせると、大人たちは「いい子だ」といい、拍手さえしてくれた。

ああ、大人たちはみんな無学な田舎者だったんだ。本当の日本がどういう国かということを教わってこなかったから、何もわかっていないんだ。

そうやって私は、学校教育を通して、新しい世界の見方を知ったと思った。それは、旧世代の韓国人を超え、旧時代の韓国を超えて、私たちが新しい韓国を建設するんだという、そうした意識を大きく芽生えさせるものでもあった。

私のなかから、急速に日本への親しい感情が消え去っていった。

済州島の女たち

在日韓国人には済州島出身者が多い。

また済州島は彼らの援助を受けて大きく発展した。そのため、済州島には日本についての具体的な情報が「無検閲」で入ってくる。そういうこともあって、陸地（半島）の人たちに比べれば、済州島人はそれほど反日感情が強くないといえるようだ。

ただ私は、かなり真面目で硬派なタイプの少女だった。また、「海の彼方」に憧《あこが》れたように、興味が外へ外へと向かうほうだったから、家や地域の外である学校で教えられたことは、未知の世界を知った気持ちで興味を深め、そのままどんどん吸収していったのだと思う。

そこで、韓国の自民族中心主義イデオロギーからくるものの考え方が、強烈にインプットされていったように思える。だから私は、韓国でも最も反日意識が強いといわれる「反日・ハングル世代」の典型だったし、後に韓国陸軍に入ったことも影響して、一般の韓国人以上に、強い反日・反共・愛国の感情をもってきた。

それとは別に、性格としては母のそれをかなり強く受け継いでいると思う。

母はとても社交的で根っからの明るい人だ。嫌なことは早く忘れて、できるだけよいことだけを思おうとする楽天主義者であり、しかも芯が強い働き者だった。これは母だけの資質ではなくて、済州島の女の特質でもあった。だから、母の性格は済州島の女の典型的なそれだといってよかった。

父方の家系も母方の家系も、古くから済州島に土着した家で、私の代で十八代を数えるというから、典型的な済州島人といっていいだろう。

明るく楽天的な働き者

済州島は女が強い。男性天国の韓国では珍しい地域だ。

もちろん個人的な格差はある。私の二人の姉は、どちらかというと内向的で、平均的な韓国女性が望むように、いい男にめぐりあって、幸せな家庭を築きたいという穏やかな考えをもち、そのとおりの人生を送っている。父権の強い韓国だから、現実にはそうした生活を送るにしても、総じて、済州島の女は妻になっても母になっても、家に閉じこもるよりは外に出たいという、行動的な性格が強い。二人の姉も、結婚してからもずっと会社勤めをしている。

私の親類に、ある女性団体の会長を務めている女性がいた。彼女は家庭の主婦で子どもを五人育てていながら、対外的な会長職をこなして、いつもおしゃれで社交的だった。そんな彼女は私の憧れの女性だった。

私の母も付き合いの広い人で、友だちも多く、よく家に人を呼んでごちそうを出しては、賑やかにすることが好きだった。

済州島では女が男以上に働く。

女に旺盛な生活力があり、女が稼いで男は家でうろうろしている――私の子どものころは、そんな家が済州島ではごく普通だった。女は朝早くから畑や海や店で働き、その合間に家へ戻って家事のいっさいをこなし、亭主と子どもの面倒をみる。多くの女たちが、そんな一人二役、ひとり三役の苦労をやってのけていた。

私の母も、七十歳代半ばを過ぎたいまでも、まるで休むことを知らないかのように、始終立ち働くことをやめたがらない。それも、一度に二つや三つのことをこなし、それで疲れたら寝て、起きたらもう何か仕事をはじめている。のんびりテレビを見ているということができない性分なのである。

そんな苦労を背負いながら、済州島の女たちの性格はみな明るい。いま風にいえば「ポジティブ・シンキング」の持ち主たちがいたって多い。私もまったくそんな性格で、性格そのままに生きてきたように感じる。

韓国人の「恨」と日本人の「もののあわれ」

韓国人の情緒のあり方、美意識のあり方を形づくる、最も大きな精神性は「恨《ハン》」だといってよい。

これは簡単にいうと、自分の境遇（運命）を嘆く気持ちである。

なぜ私は、こんなに悲しい目にあわなければならないのか、こんな苦労を背負わなければならないのか、どういうわけで自分の思いどおりに事が運ばないのか……そんなふうに自分のおかれた境遇を嘆く気持ち、それが「恨」だ。

人生の歩みのなかで恨が固まり、その恨をほぐしていくことが生きる力となる。

いっぽう日本には、「もののあわれ」という心情がある。「恨」は自分の欠如への否定から出発するが、「もののあわれ」は自らの欠如への肯定から出発する。

たとえば事業に失敗したとき、日本人の多くは、そういう事態に襲われた自分の境遇を恨《うら》むよりは、できるだけ自然な流れだったと受け取ろうとする。力強い生命力を発揮できなかった自分を嘆くのではなく、それを認めつつも、だれにもどうすることもできない自然の大きな流れがあるのだと考えようとする。そうした大自然のなかの、自分の弱い生命のあり方を肯定する。そう肯定させるのが「もののあわれ」ではないのか。多くの日本人が、根本のところではそうやって自分の人生を考えているように思える。

韓国の「恨」の心と日本の「もののあわれ」の心を、お互いにどう理解できるかは、両国人の関係にとっては、かなり決定的なものだと私は考えている。

済州島の女には、この「恨」が希薄なのである。

韓国人ならばもっと「恨」をもってもいいと思うほどの苦労をしているのに、どういうわけか、彼女たちからはそうした嘆きの声が強く聞こえてこないのである。そして働くことに喜びを感じている。その点では、働き者で困難によく耐える、伝統的な日本の女たちに、きわめて近いと思える。なぜそうなのか、そこのところがいまの私にはかなり大きなテーマとなっている。

女の苦労と女の開放性

済州島にはいまだに海女《あま》がたくさんいる。現在の東アジアでは、中国の海南島に潜水漁労をする人たちがわずかにいるものの、海女は日本と済州島にしかいない状態となっている。かつての済州島の女はほとんど海女になった。それは、四囲を海にかこまれた島で、土地がやせていて農業には適していなかったことから、当然といえば当然だった。

日本では、台風は被害をもたらすものだけではなく、水の恵みをもたらすものでもある。しかし、済州島にはその恵みを受け止められる川らしい川がない。大地の水の吸収力が弱いため、山に降った雨は一気に海に流れ出てしまう。だから台風に恵みの意識はない。しかも、雨が降らなければひどい干ばつに襲われる。どうしても、土地は常に荒れて乾いた状態となる。

そもそも、朝鮮半島は三方を海で囲まれた国でありながら、いつのころからか、海の幸を享受することがあまりなくなっている。日本のように魚や貝や海草をふんだんに食べる習慣がなく、韓国の昔の宮廷料理をみても、魚の種類は一種か二種しかない。私の考えでは、海山を「化外《けがい》の地」として世界の外側におく中華意識が強く根づき、国内の重要産業として育成していこうとする意識がなかったせいではないかと思う。

ところが、済州島はその海に頼らなければならない。

古く原始漁法の時代には、半島の多島海地方でも済州島でも、漁労はかなり盛んだったようだ。しかし、朝鮮半島ではそこからしだいに漁労が発達していく、という道筋をたどらなかった。だんだんと衰退し、近海の簡単な漁労と潜水漁労だけが細々と続いた。

また儒教的な倫理が強固に根づいたため、裸体になって海に潜る仕事は、半島では早くからなくなっていた。済州島でも、高麗時代までは男女がともに潜っていたが、李朝に入ると、男たちは潜水漁労をやらなくなり、女だけが潜るようになっていった。

私の親の時代の済州島の女たちは、その大部分が十歳をすぎると海に潜った。それは結婚して子どもが生まれても変わらず、畑仕事もまた女たちが中心になってやるのが伝統だった。男は何をするかといえば、力のいる耕耘《こううん》の時期と収穫物を運ぶときだけ働くのである。そのほかの、種蒔《たねま》き、草取り、収穫などの仕事はすべて女の仕事だった。

朝早く起きて畑に出て働き、帰ってきて家の掃除や洗濯をする。子どもたちを学校に送り出すと、また畑に出てひとしきり仕事をする。昼すぎからは海に潜り、さまざまな魚や貝を採る。夕方近くにはそれらを町に売りに行く。家に帰れば、舅《しゅうと》や姑《しゅうとめ》、夫や子どもの面倒を見て、食事の支度、そして後片付け。夜は繕い物や翌日の仕事の準備をする。

妊娠しても、子どもが産まれる直前まで仕事をし、子どもが産まれても一週間ほどすれば、いつもと同じように海に潜る。

そんな具合に、休む暇なく働きどおしの毎日が済州島の女たちの人生だった。私の母たちから上の世代の女性の苦労は並大抵のものではなかった。

福井県若狭の漁村出身の女性から聞いた話では、かつての男たちは海に出て魚を採るだけで、陸に帰れば何もせずに、酒を飲んだり博打をしていたりするだけだったそうだ。村のいっさいの仕事はすべて女たちの仕事だったという。

おそらくかつての済州島でもそんな具合だったのが、いつしか男たちの海の仕事がなくなり、その後も男たちの生活のあり方はそのまま残っていった、ということではなかったかと思う。

一方、一族の大切な行事であるチェサ（祖先祭祀《さいし》）は、一般の地域と同じように男だけで行われる。チェサは四代までさかのぼって亡くなった者について行うため、ほとんど毎月の恒例行事のようになる。前日からの祭事のさまざまな準備、集まる親族たちの食事の用意などは女たちが総出でやるのだが、先祖に拝礼し祈る儀式に参加するのは男だけだ。女には参加の資格はなく、準備が終われば遠巻きにただ眺めているだけである。

済州島にはシャーマニズムが色濃く残ってはいるが、半島と同じように、儒教が生活のすみずみまで浸透している。半島では、李朝の時代から、父系血縁集団の強い絆を軸として動く社会がしっかりと根を張ってきた。その影響は済州島にもおよんでいて、徹底した男尊女卑《だんそんじよひ》の考えはあるのだが、実際生活のほとんどを女が支えてきた歴史から、ほかの地域よりも女は社交性を発揮でき、それだけ開放的な精神をもち続けることができたのだと思う。

たとえば、半島では女は男とすれ違うとき、目を伏せてわずかに頭を下げることが礼儀だとされたが、済州島では女も堂々と顔を上げて男とすれ違った。

李朝は世界でもまれにみる強固な中央集権国家だった。そのため、治世の根本をつかさどる儒教思想は半島全域に深く浸透したが、その浸透力は海をへだてた遠隔地の済州島では幾分か弱かったといえるだろう。

私たち以下の世代になると、男が外に出て働き、女が家事にあたるという分担を望む傾向が強くなっていくが、いまなお済州島の女たちの伝統的な気質は消えていない。

韓国の新聞社が二年ほど前に行ったアンケート調査によると、ソウルの女子大生では、大学卒業とともにいい男に巡り会って早く結婚したいという答えが圧倒的だったが、済州大学では、卒業後何年かは働き、それから結婚するのがいい、という答えがほとんどだった。

また別のアンケートによると、済州島の女性が最も国際的な感覚をもっているという結果が出ている。第一に生活力があること。会社を興したり、自分で商売をやるなど、積極的な生活力が旺盛だということである。第二には、地域の外へ出て行く率が高く、開放的な性格の持ち主であること。それらのことが、近代的な国際感覚の持ち主だと評価されたようだった。

これも二年ほど前のアンケートだが、結婚前の性関係についての質問に、ほかの地域の女性たちでは「貞操を守らなければならない」とする答えが圧倒的に多いのに対して、済州島の女性たちでは、比較的に許容する答えが多く、韓国一の数字を示している。離婚についての質問でも、気に入らない結婚生活ならば、早く別れたほうがいいと答える人の割合は、済州島の女性が最も高かった。

こういう答えが出てくるのも、済州島の伝統に大きく関係していると思う。儒教的な倫理・道徳の観念が、済州島ではあまり発達しなかった、ということである。

同じことを、台湾に行って感じさせられた。台湾の女性たちの、あの男以上によく働く仕事ぶりと開放的なくったくのなさは、済州島の女たちとよく似ている。やはり、中国の儒教の影響を大陸の地域ほどには強く受けなかったためではないだろうか。

ソウルのお嬢さんのように

私は済州島の女の典型でありながら、さまざまな面で済州島の女のように生きたくはないと思っていた。

済州島の女は、生活力があるのはいいが、それをいいことに男が仕事を怠けたりするから、苦労が絶えない。おまけに性格がきつく、立ち居振る舞いに品がない、田舎者まる出しではないか、ここにいれば私もきっとそうなってしまうに違いない、早くこの島から脱出したい――。そんな気持ちが中学校のときから強くなっていった。

それで私が憧れたのは「ソウルのお嬢さん」である。洗練されたソウルのお嬢さんのようになりたいと思った。

父を前に、何としてでも都会の高校に通いたいといった。お金がかかることは十分わかっていた。また、当時は女で高校まで行く者も少なかった。が、それでも私は都会へ行きたかった。強固な反対を受けるかと思っていたが、結局父は「自分でそうしたいならそうしなさい」と、意外に簡単に承知してくれたのである。

都会の高校に入り、自炊生活をしながら通っているうちに、私はすぐにソウルの風に染まっていった。田舎娘ぶりを押し隠し、まるで最初からそうだったように、ソウルっ子を必死に真似《まね》て、自分の身のこなしや言葉遣いをソウルのお嬢さんふうに仕立てていった。

済州島の方言は韓国のなかでも独特で、日本でいうと沖縄方言ほど、半島の人には通じないものだ。だから、済州島方言は田舎言葉中の田舎言葉、何とも乱暴できつい言葉だと勝手に思い、それに比べてソウルの言葉は何とやさしくきれいな言葉なのだろうかと感じていた。

私は懸命にソウルの言葉を身につけ、訛《なまり》の一つもない、だれが聞いても完璧なソウル語をしゃべるようになった。私は後に、大邱で生活したが、慶尚道の方言はいっさい使わなかった。自分が済州島生まれであることを忘れたかのように、私はソウル言葉を使う品のいいお嬢さんのように振る舞ったものだった。

ただ、ソウルのお嬢さんを気取っても、気取り切れない自分があった。それは旺盛な生活力だった。半島の女たちと話していて、すぐに男に頼ろうとするところが嫌だった。私には男に頼る気などさらさらなかった。半島へ出てみてはじめて、自らの経済的な自立心の強さを知らされた。

私自身、学生をやっているだけでは何か物足りなくて、何人かの小学生の家庭教師をやっては、がっちりとお小遣いを稼いでいた。

外へ外へと向かう心

兄弟のうち一番上の子どもは、親に対する責任があるため、家から離れて遠くに行くことを自重する。また一番下の子どもは、親に可愛がられて、親が遠くに出したがらない傾向がある。その点、真ん中の子どもは比較的自由な立場に立てるのである。私も真ん中だったのでかなり自由だった。

当時の韓国の子どもたちは、日本の子どもたちも似たようなものだったようだが、スイスとかスウェーデンとか、ヨーロッパの国に憧れをもっていた。それは私にしても同じことで、中学生のころの私は、その思いを文通という形で充たしていた。

外国人との文通は、そのころの中学生でやる子は少なく、とくに済州島の田舎ではほとんど皆無だったといっていいだろう。私は書店で手引き書を買って、そのなかに書いてある文例にしたがって、さまざまな国の人々と手紙の交換をした。でも、言葉の壁が大きく、生半可な外国語では相手からの手紙をまともに読めず、また返事を書くのもおっくうになるため、だいたいが二、三回で終わってしまっていた。

私の海外への憧れは、日に日に強くなっていった。外へ外へと向かう気持ちが強く、人間に生まれた以上は、世界を全部まわって世界の人間と接したいと思った。それも単なる観光旅行ではなく、世界のあらゆる人々と接して話をして、いろいろな人間を知りたい、そうでなければ、私が生まれた意味がない。中学に入ったころには、はっきりとそう感じていた。

小さいころは、叔父さんのいる日本に行きたいと思ったが、中学生になるともう〝ヨーロッパこそ世界〟の意識になっていた。

文通で恋をした思い出

高校に通っているころ、文通で恋をした。

相手は、当時の西ドイツにいた韓国人男性である。中学生のときからはじめた文通は言葉の障害があって、なかなか長続きしなかったが、この文通は相手が韓国人ということもあって、自由に手紙を書くことができて、長い手紙をやりとりした。

先方からは、ドイツやヨーロッパの事情を教えられ、あわせて、おもしろい形をしたボールペンなど、韓国では珍しいものをいろいろ送ってくれた。そのうち、だんだんとその人が好きになっていったのが、私の初恋だった。顔はお互いに手紙に写真を添えていたのでわかっていたが、手紙のやりとりだけで会ったこともない人を好きになった。

いまから思えば、人に恋をしているのではなく、恋に恋をしていたのだったが、当時は真剣で、二人の文通はそのうち結婚しようというところまで進んでいた。彼からは、ドイツ人と韓国人との違いとか、ドイツやヨーロッパから学ばなければならないことなどをしきりに教えられていたから、私の外向きの心はさらに大きく刺激されていった。

彼はヨーロッパのあちこちを旅行していて、そのたびにヨーロッパ各地の写真やお土産品を送ってくれた。彼からの手紙はほとんど毎日届いていた。彼は私より十歳くらい年上、二十歳代の後半だった。

そのころは、いつもいつも、西ドイツにいる彼のことばかり考えて過ごした。心のなかは、彼のことと、彼のいる西ドイツやヨーロッパのことでいっぱいだった。

同級生たちは、同じ高校生の男子の噂話や恋愛ともいえない無邪気な話に花を咲かせているのだが、私はもう結婚まで考えている大人だと考えると、そんな話がひどく子どもっぽく思えて仕方がなかった。

ほかの男たちには嫌な面しか見えず、彼にはきれいな面しか見えなかった。いますぐにでもこの人のところに行きたいと思うようになり、「高校を卒業したら、留学生としてドイツへ行きたい」と手紙に書いた。彼は「ぜひそうしなさい」と熱烈歓迎の返事をよこした。

高校卒業後の進路

それからまもなく、結核で闘病生活を送っていた兄が亡くなった。

このころ私は、下宿先を変えていた。

父は所有の農地を切り売りして、兄のための病院や薬の費用を捻出《ねんしゅつ》していた。家の経済にかつてほどのゆとりがなくなっていることを知り、しかも両親が長男を失った深い悲しみにあることを目の当たりにした。

兄の葬儀とその後の始末などで落ち込んでいたこともあり、数カ月、西ドイツの彼に手紙を出していなかった。突然のことだったので、彼に実家の住所を教えていなかった。急ぎ手紙を書いたのだが、いっこうに返事が来ない。彼の西ドイツの下宿先に連絡をとると、引っ越したが引っ越し先は知らないという。前の下宿先は、家を他人に貸してしまっていたため、彼からの手紙は来ていたのかもしれなかったが、要領を得なかった。

これこそ運命だと諦めるしかなかった。

やはり手紙だけだったせいだろう、私はすぐに悲しみから立ち上がって高校生活を送った。

西ドイツへ行こうという気持ちには変わりなかった。私はさまざまな留学の方法をあたってみたが、壁が高くてほとんど私には無理なことがわかった。それで、西ドイツへどうしたら行けるか、その方法をしきりに考え、ようやく看護婦になるのが一番いい、という結論に達したのである。

そのころ（一九七〇年代前半）の西ドイツでは、盛んに韓国からの労働者を求めていて、医師や看護婦についても募集をしていた。韓国からも大勢の看護婦資格をもつ者たちが西ドイツへ渡っていた。

私は、高校卒業後の進路を、ぴったり看護学校へと絞った。父はしばらく考えていたが、以前と同じように、「自分がやりたいならばやりなさい」といってくれた。一般的な韓国人の父親ならば、まず「家にいて嫁に行け」といったに違いなかった。そういう父をもてたことは、本当にありがたいことだったと思う。

第5章

島から半島へ

——軍人・学生として生きた日々

看護大学に入学するが……

一九七五年春、私は全羅道にある看護大学に入学し、大学の寮に入って生活をはじめることになった。が、入学直後に姉から電話があって、私の進路はまた大きく変化することになってしまった。

「あなたはまったくの世間知らずだね。西ドイツでは韓国からの看護婦の流入を制限しはじめたのよ。あなたの卒業するころには、もう受け入れなくなっているわよ。だいたい、看護婦になりたいわけでもなく、単に外国へ行きたいという理由で看護婦になるなんて、どうかしているんじゃない。西ドイツに行けたとしても自分を見失うだけよ。それに看護婦という職業はあなたが考えているほど簡単なものじゃないから」

その剣幕《けんまく》たるやすさまじいものがあった。

姉は、とにかくいますぐやめなさい、やめてほかの道を考えなさい、ときつくいう。

私には西ドイツへ行けそうもない、ということが最大のショックだった。調べてみると姉のいったとおりだったのである。たしかに私が、浅はかな考えにとりつかれていたことを認めざるを得なかった。

無理をして父に学費や寮費を出してもらっての入学だったが、私は姉の忠告に従い、入学わずか一カ月で看護大学をやめた。

どこに活路を見いだせばいいのか

私は看護大学をやめると、そのまま済州島には帰らずにソウルの叔母の家にころがり込んだ。あてはなかったが、ソウルで何かを探そうと思ったのである。

高い入学金を出してもらいながら、すぐにやめてしまったことで、親には大きな罪の意識を感じていたこともあり、簡単に家に帰るわけにもいかず、かといってありきたりの就職をする気もない。そこで、ようするに自分は何をしたいのか、将来何になりたいのかを懸命に考えた。

いくら考えても「これ」というはっきりしたものが描けない。何かをすること、何かになることを考えるよりも先に、どこかの国際都市をさっそうと歩く自分の姿などをすぐに想像してしまう。国内で現実的に描ける女性の未来像は、ほとんど結婚しかなく、就職といっても女性が活躍できる余地はあまりにも少なかった。私には、そういう現実に身を添わせていくことがどうしてもできなかったし、だからこそ海外へ出たいと思ったのでもあった。

韓国人は一般に、小さいころからはっきりとした夢や人生の目的をもつものだ。その狙いは大きく大別すれば、経済力か権力になる。経済力の方向では、豊かな生活がしたい、他人よりも数段よい生活をしたい、お金持ちになりたい、ということになる。たとえば、男性ならば会社の社長に、女性ならば社長夫人になりたいということになる。

権力の方向では、政治家、軍人、高級官僚、教育者などの社会的な権威者になる。日本人のように、いきなりタクシーの運転手になりたい、大工さんになりたい、美容師さんになりたい、などという子どもはまずいない。技への志向がきわめて薄いのが特徴的である。

小学校上級生くらいから感じはじめたことは、お金持ちになりたいとは思わない、それよりも権力が欲しいということだった。韓国では、権力があればお金のことを心配する必要もなく、お金持ち以上に自分のやりたいことができる。しかし、女で権力者になることは至難の業だ。そこで私は権力者のお嫁さんになろうと思い、世界のファースト・レディーについて書かれた本などをむさぼり読み、それが根っからの海外志向をより強いものにしていったのだった。

看護大学をやめてソウルへ出た私は、いまの自分に可能な権力への道を考えた。とりたてて優れた学力をもち合わせてはいなかったし、私は他人としのぎをけずって競争するのが嫌いで、競争というステージでわが身を駆り立てることができなかった。まわりのことはあまり気にならず、自分は自分だという意識が人一倍強かった。

事実上のエリートを目指しながらもエリートコースに乗れない自分があった。いずれにしても、もう親に面倒はかけられない、自分の力でそうした道を切り開くしかなかった。

軍人になろうと決心したのはそのときである。

軍人になりたい

私の従兄弟たちは、みんなずばぬけた学力の持ち主だった。私は彼らを憧れの目で見ていた。その一人が軍人になって、階級は少佐にまですすんでいた。彼は性格的に外向きの人間で、行動的で、かっこよかった。彼は陸軍本部に勤めていたので一度訪ねたことがある。

当時、軍事政権下の韓国では軍人の地位は最も高かった。憧れの思いで眺めた陸軍本部はとてもきれいで、行き交う軍人たちはみな活気に溢れていた。女性の軍人もいて、機敏かつ颯爽《さっそう》と歩く彼女たちはとても魅力的に見えた。

面会室で見る男性軍人のかっこよさ。その男性軍人が女性軍人と話している姿に、私は別世界をかいま見た思いがした。そこに、日常生活からは得られない、圧倒されるほどの実にきびきびとした美しさを感じたのである。

軍隊に入って、陸軍本部に勤めることができれば、こんな素敵な人たちと話ができるのだ。韓国の一番のエリートたちを身近にすることができるのだ。十九歳の非現実の夢を追うばかりの少女の心に、軍人への夢が燃え上がっていった。軍隊はまさしく、私好みの愛国意識の集中点でもあった。

両親に話すと猛烈な反対を受けた。男性の場合は、国のエリートだから、親も喜んですすめるだろうが、女性が軍隊に入るなんて、普通の親にしてみれば、とんでもないことに違いなかった。そんなのは、勝手な夢を追ってのお前の甘い思いつきにすぎない、どうしても家に戻りたくないならば、お金は何とかするから大学へでも入りなさい。そのほうがよっぽど自分のためになる。そう、こんこんと説得されたが、いつものことながら、私は絶対に引き下がらなかった。

父はここでも、最後には娘のわがままを許してくれた。「お前が本当にやりたいのなら……」。

韓国陸軍軍人となる

軍隊に入るとはいっても、そう簡単に入れるわけではなかった。当時、六十万韓国陸軍軍人のうち女性はわずか五百名。女性軍人は若干名しか募集しないため、競争率は十倍以上の狭き門だった。

これで大部分が振り落とされる筆記の一次試験は何とか通過。二次試験の面接を通れば、晴れて女性軍人となれる。

ありていにいえば、女性軍人の面接試験では、韓国軍の花としてふさわしいかが選考の中心なのだった。したがって、比較的背の高い美人でスタイルがよく、品のある女性が優先的に選ばれることになるという。

それを耳にして、私は「ここで落ちる」と思った。それは第一に、私が合格ラインといわれる身長百六十センチギリギリだったからである。

まず体格の測定。身長測定の係官が書類を見ながら、「あなたは済州島出身か、自分もそうなんだ」という。これは実に幸運なことだった。韓国では同郷と聞いただけで互いにすぐ親しみをもち合うからだ。

「私は何としても軍隊に入りたいんです。でも身長が少し足りないかもしれないので心配です」

私がそういうと、その身長測定官は私の身長を計りながら、すずしい顔で「百六十三センチ」と大声でいい、水増しして書類に記入してくれた。この程度のことくらいならば、韓国では同郷のよしみが先に立つ。そういう意味では杓子定規《しゃくしじょうぎ》であることを嫌う。

面接は厳しかった。家庭環境や思想的な問題がないか、さらには処女かどうかまでの検査がある。どういうわけか非処女は不合格なのだった。

軍服姿の女性軍人五人にかこまれての面接に、私はブルブルと震えどおしだった。前から、後ろから、横から、きつい視線が、ちょっとのことも見逃さないぞとばかりに飛んでくる。一次の筆記試験もギリギリで受かったようだったし、面接に来たほかの女性たちを見ると、みな背が高く、私より数段スタイルのよい美人なのだ。私は勝負にならないな、まったくだめだなともはや諦めていた。

面接時はスカート着用と決められていて、着座していろいろ質問に答えたあと、立って全身を見つめられた。そして、スカートをひざ上二十センチほど上げなさい、といわれ、そのままグルッとひとまわりさせられ、脚の形を見られた。

すると、面接官のなかで一番階級の高い女性将校が、「あなたの脚はきれいね」という。どうやら、背の高さよりも、脚の形のほうが優先事項であったようだった。軍隊行事のときにはくミニスカートが似合う脚、それが最も厳しくチェックされたらしい。

そんなわけで、幸いにも私は脚の形で入隊することができたのである。いまは見る影もないが、当時十九歳の私の脚は、自分でもたしかにきれいだと思った。

試験に合格した女性たちを見ると、意外に弱々しい。どちらかというと女っぽい人が多いのだ。がっちりとしたワイルドタイプの女性はみな落ちていた。軍隊もまた一般の会社と同じで、女性は職場の花だったのかと少々がっかりしたが、とにかく入ってしまえばこちらのもの、自分はけっして職場の花では終わらないぞ、と思った。

軍人生活のはじまり

軍隊に入った最初は、ソウルの女子軍人訓練所に、教育期間を含めて一年ほどいて、それから全国に四つある司令部のどこかに配属される。

軍人訓練所で教えられる科目は、一般教養、軍事学（理論的なもの）、軍事教練から英語、テレタイプ、ハングル・英文タイプなどまで、それらが一日八時間、びっしり詰まっていた。

勉強、また勉強で毎日が過ぎたが、軍人生活に必要な生活訓練もあって、これがことのほか厳しかった。たとえばこんな訓練もあった。

それは、石けん箱を一つもって二分以内に手を洗って教官のところに戻ってくる、というもの。すばやく手を洗って戻ると、教官は「石けん箱を振ってみせなさい」という。振ってカタカタと音が出ない者は厳しく叱責され、すぐにやり直しだ。石けんが濡れたままだと箱にくっついて音が出ない。それではいけないのである。教官は、一分で手を洗い、一分で石けんを乾かして箱に納めなければならない、といった。

また、座るとどうしてもスカートに皺《しわ》がよるのだが、なるべく皺のよらないような座り方を覚えなければならない。それには少しスカートを引き上げて座るとよいが、脚が出すぎることもまたよくない。背筋をきちんと伸ばして座っていなくてはならず、また腕を机についてはいけない。爪の手入れ、ルージュの色やひきぐあい、化粧の状態にまで厳しいチェックがある。

訓練のなかで教官が口をすっぱくしていっていたことは、「砂を炊いて飯にしろ」ということだった。韓国の軍人ならばだれもが耳が痛くなるほど聞かされたことだ。軍隊のなかでは、どんなに無理に思えても何とかして可能にしなければならない、軍隊ではできないものはないと心得よ、というたとえである。

上官から命令を受けたとき、できません、という答えはあり得ない。何とか自分で方法をみつけて命令に応じなければならない。軍隊生活を続けていくと、これが身体の反応にまでなっていく。そのせいだろう、いまでも私は姪《めい》などに、ちょっと面倒なことを頼んで「私にはできそうもない」などといわれると、いたく腹が立ってしまう。

潔癖なまでの整理整頓の生活

教育期間を終えると、私は大邱の司令部に配属された。

軍隊生活は、まず潔癖なまでの整理整頓からはじまる。

服をきれいに揃えてたたまなくてはならないことはいうまでもなく、下着はたたむとみな同じ四角のサイズになるようにしなくてはならない。軍服にも私服にも、常にきれいにアイロンがかかっていて、ロッカーにかけた状態で肩の線がきれいに見えていなくてはならない。ハンガーにかけた服と服との間は、一律に指が三本入る間隔を空け、一方の腕の線が一直線に見えるようにしないといけない。ベルトのバックルは常に光っていてけっして指紋がついていてはいけない。

まずは、すでに訓練所で受けた教育そのままの生活が日常となったのである。

大邱の司令部の女子軍人は総勢五十名ほど。十人で一班を構成し、一つの大部屋にベッドを十個並べて生活する。

ベッドはホテルのそれのように、シーツを巻き込み、さらに毛布を巻き込んで敷く。ベッド上に見える毛布を巻き込んだシーツのサイズは、十のベッドを真横から眺めて、ぴっちりと均一に揃って見えなくてはならない。また、ベッドの後方に垂れる毛布は、ベッドの角できちんと九〇度の角度をもって垂れていなくてはならない。

毎週土曜日に部屋の検査があり、整理整頓、服装、掃除について行われる。掃除の検査では、上官が白い手袋で棚のうえや扉のさんをなでる。部屋のなかには一つでも余計なものがあってはならず、床、壁、窓ガラスなどは、ピカピカと光っていなくてはならない。検査で問題があれば処罰される。たとえば、週末のフリータイムを削られるなど。

とにかく、やらなければならないこと、守らなければならないことが、毎日山のようにある。

こうした日常は、すっかり私の身についてしまった。軍隊を終えて一般の市民生活に戻ったとき、私にはいろいろなことがとてもだらしなく見えて、ずいぶんイライラしたものである。日本に来てからも、長い間、本棚は同じ背の高さの本でぴちっと揃えなければ気がすまなかったし、部屋のなかは常に整然としていなくては気がすまなかった。出かけるときにはいつも靴をピカピカに磨いてからでないと嫌だった。

いまでは、ペッタンコの履き古した靴でも平気で外出するが、いざとなると、何でも手早くやることだけは習い性になっている。

また、毎週一回「精神教育」がある。この教育では、次の週に前の週に教わったことについての試験があり、できが悪いと班全員が罰を受ける（走らせる、作業をさせる、練兵場の雑草とり、腕立て伏せをさせる、など）。

精神教育には、軍事訓練、反共教育、教養教育、英語、礼儀作法、お茶のいれ方、座り方、人との対応の仕方、言葉遣い、文章のつくり方、公用文の書き方などがある。また男女全員が隊列を組んでの司令官の閲兵がある。そのほか、月に一回特別訓練があった。ゲリラ戦を想定して山などで訓練するのだ。

悩み事をじっくり考えているような暇など、まったくなかった。

司令部から大学へ通う

大邱の司令部の女子部隊長は、女性の職業軍人の鑑《かがみ》ともいえる立派な人だった。部隊長は盛んに女性軍人の知、徳、体の向上を説き、とくに知の面をおろそかにしてはいけないということをしきりに強調した。そして、「私はあなたたちが大学に入って勉強したいというなら全面的にバックアップする」というのである。

本来、軍人が軍務以外のことに時間を割くことはできない。もちろん、学校に通うことも基本的には禁止されていた。ところが、部隊長はそれをあえて破ってまで私たちに大学行きを奨励するのである。

「あなたたちの将来を考えると、どうしても高等教育なみの教養を身につけてもらいたいと思う。そのためには軍務の合間に必死に勉強してほしい。その意味で、大学へ行きたいというのなら、大いにけっこうだ。軍では禁止しているものの、私はそれが軍のためになると思っている」

大邱司令部に配属されて間もないころのことである。

思いもよらぬことだったが、私はまず一番に名乗りをあげた。同期生のなかでは私一人だったが、一期上の何人かとともに大学を受けることにした。

部隊長が私たちに出した条件は、「ほかの人の二倍動くこと」だった。軍隊の仕事の合間に大学に通い、軍務に支障のないように自分で時間を調整して勉強をする。それができなければ退学させる、というものである。

私の世代では、女性の大学進学率は一割程度ときわめて低く、大学出の女子軍人はきわめて少なかった。そのため、部隊長は思い切ってそうした手段に出たのだろう。私が専攻したのは臨床病理学である。その方面の学問にとくに興味があったわけではないが、看護大学でその方面の勉強をしていたので、どうせならば少々身を入れてみようと考えたのである。

私の世代の女性は十人に一人くらいの割合でしか大学には進まなかったが、現在の大学進学希望者は大変多い。高校進学率は、男女とも九〇パーセントを超えており、そのうちの九割が大学進学を希望する。しかし、受け入れ側の大学の数が足りず、最近では、希望者七に対して大学定員一、という比率である。

日本の大学の数は多いし、レベルの幅が広いので、どこでもいいと思えば、ほとんど入学することができる。そこが大きく韓国とは異なっている。

過酷な軍隊生活

大邱司令部には禁を犯して大学へ通っている女子軍人がいるらしいという噂がたち、それが陸軍本部の参謀総長の耳にまで届いて、大変な騒ぎになってしまった。至急、退学させよとの主張も出たが、最終的には「いま通っているものは、仕方がないから卒業まで認めるが、それ以降はいっさい認めない」こととなった。

そういう意味で、私たちは特例中の特例だった。

大学に通いながら軍隊にいるということは、特別な待遇を受けているわけで、その分ほかの人に負けないように仕事をしなければならない。たしかに私は、普通の人の二倍、三倍の努力をしたと思う。ほかの隊員に睨《にら》まれないよう、朝も早く起きて、真面目に働いたし、身の回りのこともきれいに整えておいた。けっして自分の弱点を見せまいと、懸命になっていた。そのため、昼にやり残した仕事を夜中にやることも珍しくなかった。

消灯は夜十時だったが、それ以後も私は部隊の図書館に入り浸っていた。窓から明かりがもれないようにカーテンを閉めていれば、利用することが許されていた。昼間も時間さえあれば図書館にこもり、図書館はまるで自分の部屋のように落ち着く所となっていた。そして、大学のレポートを書いたり、図書館の蔵書を読みまくっていた。ただ、私が図書館に詰めていたのには少々理由があった。

軍隊ではしばしばパレードなどの行事があって、その際に女性軍人は背の高い人から呼ばれて行く。私は入隊条件ギリギリの百六十センチだから、一番背が低かった。そのため、私は特別な晴れ舞台にはまず呼ばれることがなかった。そこで一人図書館に入って読書にふけっていたのである。

晴れの舞台はもちろん行進だけではない。音感にすぐれた者は軍楽隊に選ばれ、楽器の演奏に磨きをかけられて全国をまわることもできた。また歌の上手な者は合唱隊に選ばれる。背が高くてスマートな者は旗手となって行進の先頭で自分を思い切りアピールした。

私の同期生の一人は、声がきれいだったので軍放送のアナウンサーの教育を徹底して受けた。やがて、勤務時間が終わると彼女の声で部隊のニュースが流れるようになった。

軍隊とはおもしろいところで、女子軍人にはとくにそうだったのだが、個人の才能を発見してできるかぎりそれを伸ばそうとしてくれるのだ。しかし、私にはとりたてて才能がなく、そうやって才能を磨くことのできる同僚たちをうらやむばかりだった。

ただ、私は生け花が好きだったことから、宿舎のなかに花を飾っていたりしたことがきっかけで、さまざまな行事の会場に花を生けるのが、いつのまにか私の担当になっていた。

とにかく背の高い人たちは、華やかな軍服に身を包んで行事に出かける。そして、大統領をはじめとする著名な政治家などの周囲でいろいろな仕事をする。たとえお茶汲《ちゃく》みでも、国権の中心人物のそばに行けるだけでも光栄なことだと、みんな喜び勇んで出かけて行くのである。私もそんな機会がほしかったのだが、いつも部隊に残されていた。

いずれにしても、私は常に身体と頭を動かしていなくては気のすまない性格だった。仕事のあとでみんなでテレビを見ているときでも、私は必ず何かを一緒にやっていた。軍靴《ぐんか》を磨きながら、アイロンをかけながら、というように、常に二つか三つのことを同時にやっていないと気がすまなかった。漫然とテレビだけを見ているのは、何かとても時間がもったいないように思えたのである。

いまから思えば、済州島の女の性格を強く受け継いでいた、ということかもしれない。そうした性格の私は、軍隊という特殊な世界に入り、さらにエネルギーが倍加されたようにも思う。同時に、内面的な強さもこの軍隊時代につちかわれたといえる。

リベラルなジェントルマンだった高級将校たち

軍隊では内省する時間がほとんどない。訓練の厳しさに泣き、何度もやめたいと思った。宿舎に帰れば、細かい作業や身の回りでやっておかなければならないことが山のようにある。朝から晩まで、次から次へと身体を動かしていかなければならない。とても、何かを落ち着いて考える余裕がないのだ。

そうでありながらも私は、不思議に自分の思うままに世のなかが回っているような気がしていて、自分はとても運がいいのだとも感じていた。

それは、私が二つの意味で、特殊な立場にいたからである。一つはめずらしい女性軍人であること。さらに、その女性軍人のなかでも、現役の大学生であること。この二つの立場である。

大学に通うときは、たいがい、司令部の前にある馴染みの化粧品店で軍服から私服に着替えさせてもらうのだが、ときどき、時間が間に合わないときがある。そんなとき、上官が運転手つきの車を出してくれて、軍服のまま大学まで乗りつけることがあった。そんなこともあるので、大学では特別な注目の的になる。

軍隊では、とくに男性の高級将校たちから「学問と軍務を両立させている子だ」と好感をもたれ、ずいぶん可愛がられた。私の勤務先の部署にいるのは、将軍クラスを含めた男性の高級将校ばかりだったが、みな礼儀作法を心得た品格あるジェントルマンだった。厳しいことは厳しいが、いずれもきわめてリベラルな人たちであるのが印象的だった。

申しつけられる仕事の量は膨大なものだったが、けっして一人のところに集中しないように、的確に仕事を配分するなど、細かな気配りがありがたかった。大学の試験のときなどは、将軍の車で学校まで送ってくれたこともあった。

そんな待遇を受けていたので、自分は人徳があって運がいいと思うようになったのだろう。

軍隊は反日よりは反共だった

私が軍隊にいたのは、一九七五年から一九七九年までの四年ほどの間だが、その間、反日教育を受けたことはまったくなかった。が、その一方で徹底した反共教育が行われた。

もっとも、反共教育とはいっても、共産主義についての本格的な理論はあまり教えられず、北朝鮮の実情についての教育がほとんどだった。これは軍隊にかぎらず、韓国では一般に、反共を唱えるにしては、「共産主義とは何か」についてほとんど触れられることがない。

私は、日本に来てはじめて、共産主義について勉強することができた。韓国では、共産主義とは何かについて公には教育されていない。それに類する文献を読むこともできない。

一般の書店には、大雑把な概説書しかなく、学校の図書館でも同じ程度のものしかなかった。だから普通の韓国人には、日本人のように「共産主義とは何か」ということがまるでわかっていない。

韓国では一般に、共産主義といえば、北朝鮮とソ連と中国の社会体制で、それは恐ろしく、怖い国のことだという印象しかない。韓国の反共教育とは、北朝鮮からいかに自分たちを守るか、韓国を守るか、ということがすべてだといってよい。これは軍隊でも一般社会でも同じことだった。

国を守るのが軍隊の役割であるから、「反日」「克日」の国家スローガンからすれば、当然、日本からも韓国を守らなければならないわけだが、実際のところ、韓国軍には日本からの脅威を感じている様子はまったくなかった。日本から攻められるとか、日本を攻めようとか、そんなことは冗談でも一切なかった。少なくとも軍隊教育のなかに「反日」はみじんもなかったといってよい。

しかし、韓国の学校教育では、「いかに日本はひどいことをしたか」と教えられるわけだから、愛国といえば、イコール反日意識をもつこと、となってしまう。

軍隊ではもちろん愛国がさかんに強調されるが、それがイコール反日ということにはまったくならない。

軍隊では精神教育とともに、具体的かつ複雑な軍事訓練が繰り返されるので、自然に、一般の国民よりもずっと研ぎ澄まされた愛国心が育っていく。私もしきりに愛国心を燃え上がらせていた一員で、いまこの場で戦争が起きても怖くない、という気持ちをたしかにもっていた。そして、国を守るためにはいつ死んでもいいと思った。

かつて、日本の兵士たちは死を恐れずに戦場で死んでいったというが、いまの価値観からすると、多くの日本人には理解できないに違いない。しかし、軍隊の教育を受けると、まさに死を恐れない人間ができあがる。これは間違いないことだ。

私は実際の戦闘は知らないが、射撃、格闘技、匍匐《ほふく》前進などの厳しい訓練を受けていると、国のために死ぬことを恐れるな、国のためには命を惜しむなという精神をもてなくては、けっして自分が強くなれないだろうという気持ちになる。死ぬならば軍人として立派に死にたいと熱望するようになる。

当時の自分をいま振り返ると、われながら「すごい女だった」と感心することがある。いまは、戦場で死のうなどとは考えもしないし、想像するのも嫌なことである。それは、私が平和な国日本、豊かな国日本の温室にどっぷりと浸かるようになって、また「戦争の放棄」という日本の理想に接して、この温室を何とか緩やかに世界へ広げていく方法がないものかと、真剣に思うようになったからである。

一般の会社とは逆の軍隊

国のために死んでもいいと思ったことは事実だが、万が一戦争が起きたとしても、実際には女性軍人は一番安全な位置にいられるのである。

女性軍人はみな、配属先が司令部以上のところで、主に事務の仕事をしているわけだから、もし国中が戦火にまみれても、司令部は山のなかや地下深いところに置かれる。そのため、最後まで残るのが、私たちの部署なのである。

私が軍隊にいた一九七〇年代の後半には、何回か北からの攻撃の危機があり、緊張が走ったことがある。北の侵攻が目前に差し迫ったという非常事態になり、国中が危機感に包まれたこともある。明日戦争になる、自分はわが国のために戦って死ぬんだと覚悟したことが何べんもあった。

緊迫した精神状態と同時に、日常の業務もものすごく忙しかった。女性はだいたい大きな部署に一人ずつ配属されて、その部署のタイプやテレックスの仕事を任される。その量は一般の会社の比ではない。そのため、女性軍人はみな、韓国の一般の会社では考えられないほどの事務職のプロになっている。しかし、そうした厳しい状況下でも、女性軍人たちは、

「もう、めちゃくちゃに忙しい。でも、一般の会社に行くより軍隊に入ってよかった」

と異口同音にいう。

上からの命令に無条件に従い、完璧なまでの整理整頓を求められ、なおかつ、膨大な量の仕事をこなし、それでも、みんな「軍隊がいい」という。なぜなら、通常は男権社会から見下されている韓国の女性が、軍隊ではきちんとした待遇を受け、かつそれぞれの能力を正確に評価してもらえる、ということなのだ。

韓国の一般の会社では、女性は男性社員のアシスタントの役割しか与えられず、やれお茶だ、やれコピーだとなるのが当たり前だが、軍隊では、私たち女性のほうが実際の事務処理の仕事に忙しかった。だから、一般の会社とは逆に、男性の上司が私たちにコーヒーをいれてくれたり、低姿勢で仕事を頼みに来たりすることは普通だった。

男性軍人の場合は、相手の階級が一つでも上だと、なかなかうちとけた話ができないも

のだが、その点私たちは、一つの部署に女性が一人ということもあって、はるかに高い階級の将校たちとも気軽に話すことができた。

給料も男性と同じで、一般的な民間会社よりも高かった。しかもみんな独身女性だったし、部隊生活では生活費もかからず、しかもお金を使う時間がなく、給料のほとんどを貯金していた。私も日本へ行くのに、そのお金がずいぶん役に立った。

いまでは、女性軍人の数も私がいたころの倍くらいいるようだが、それでも全国で一千人程度で、軍隊に入るための競争率はかなり高いと聞く。

現在では、金泳三大統領の時代からの民主化の波を受けて、「軍人はあまり表面に立つな」ということになり、軍人のイメージはかなり低いものとなっている。近年に韓国に帰って当時の上官だった人と話したとき、その人が「いやあ、最近は、軍人といっても普通のサラリーマンと同じだよ」と自嘲気味《じちょうぎみ》にいい放った声に、かつての意気揚々とした元気さが感じられなかったことを寂しく感じた。

私の恋愛

軍隊と大学との両立の忙しさのなかで、私は前向きに、しかも生き生きと過ごしていた。さらに、それは錯覚かもしれないが、自分の思うままに人生が回っているような、高揚した気分でいた。

私のそれまでの人生のなかでも、最も気持ちが昂《たかぶ》っていたのが軍隊にいた時代だったが、私が本格的な恋愛をしたのもこの時期だった。この体験については、ほかの本（『恋愛交差点』角川文庫）で詳しく触れたこともあり、ここでは立ち入った話は避けようと思う。ただ、そのきっかけとなった話は、韓国の軍隊でもこんなことがある、ということを知っていただくためにはよいかと思うのでご紹介しておこう。

お相手は特殊部隊（空挺《くうてい》部隊）中隊長の大尉さん。十月一日の軍人の日に行われるパレードの訓練で顔を合わせたのがきっかけだった。私が参加した年は、韓国軍創設三十周年にあたり、史上最大のパレードといわれた。

各部隊の参加者は、八月から、行進訓練のためソウルに駐在することになった。八月、九月と暑い盛り、訓練は熾烈をきわめた。アスファルトも溶けるばかりの夏の日差しのなかで、隊列行進の訓練、寸分のゆるぎも許されない直立不動の整列訓練、来る日も来る日も、炎天下で訓練は行われた。パレードには陸海空軍の三軍と特殊部隊、そして士官学校生徒と女性軍人が参加した。

行進の隊列は、大統領や各国要人が並ぶ観客席に向かって、先頭から背の高い順に配列される。観客席から見て背の高さの順に並ぶと、パレードが美しく、迫力が増すからである。

そうなると、背の低い私は当然最後列となる。ただ、女性隊は真っ赤なミニスカートの軍服を着用するため、脚のきれいなものが選ばれ、人が注目しやすい四隅に置かれる。脚で軍隊の試験に合格したような私にその四隅の一角が割り当てられ、最後列の右の最後尾に配置された。

私の列は、隣の特殊部隊に接していた。

行進練習は、一回まわって十分休みという繰り返しで、一日中何回も行われる。十分間の休憩時間は、身体は楽にしていいのだが、その場を動いてはいけなかった。八月から毎日訓練は続いているから、端の列どうしは顔見知りになり、特殊部隊の隊員から女性隊にちょっかいがでるようになり、やがてはガムの包み紙に自分の電話番号や住所を書いて投げてよこす者もでてきた。

そんないたずらを防止するために、女性隊との間に特殊部隊の中隊長が一人立つことになった。その大尉が、どういうわけか、私に目をつけたのである。

エリート将校の大胆な誘い

韓国の男性は一般的に背の高い女性が好みである。それなのに、彼はなぜか女性隊のなかでも一番背の低い私に目をつけた。そして、特殊部隊の隊員のいたずらを注意するふりをして、何かと私に話しかけるのである。毎日毎日、訓練の合間をぬって、私のそばに来ては、「お昼食べた」とか、「ずいぶん、日に焼けたね」とか、さらには「あなたにはそんな重い銃は似合わない」などと、からかうようにいう。

そのうち、特殊部隊の隊員たちも、自分の隊の中隊長が、あの娘を気に入ったらしいぞ、と気が付いて、彼を支援するようになっていく。そのため、彼もまわりの目を気にせず堂々と話しかけるようになった。

私は、最初はからかわれていると思って無視していたのだが、あまり毎日のことなので、少しは彼の冗談に笑顔を見せるようになっていった。

そして、軍人の日の当日。

大観衆の見守るなか、パレードがはじまった。その模様は全国にテレビ中継され、朴大統領が座るロイヤルボックスにはたくさんの国内外の主賓たちが居並ぶ。

一糸乱れぬ隊列で、それぞれの部隊ごとに一団となって進む。特殊部隊に続き、女性隊の行進。アナウンサーが絶叫する。

「次は、〝大韓民国の娘〟である女子軍たちの行進です」

観衆は総立ち、拍手の音がいちだんと大きくなる。緊張と感動が頂点に達する。

この日のこの一瞬のために、何カ月もの厳しい訓練に耐えてきた。涙があふれそうになったが、真っすぐに前方を注視し、気をゆるめずに最後まで整然と行進を続けた。

隊列がメインスタンドから離れ、行進が終わりかけたとき、何と、彼がカメラを私に向けてかまえているのである。斜めからパチパチと数回写している。背嚢《はいのう》にカメラを隠しもっていたのである。

それにしても大胆な行為で、私は驚いて声もでなかった。

午後はソウル市内を行進する。このパレードの隊列の左右には一般市民がつめかけ、にぎやかな拍手のうちにいくぶんか緊張のほぐれた状態で行進していた。隊員のなかには、知り合いから花束をもらったり、花輪を首にかけてもらったりする者もいる。

特殊部隊を統率する役割のせいか、その中隊長の彼は、隊列から一人離れ、前に行ったり後ろに行ったりしていた。そして、突然、私のところに来て、「花をくれる人もいないのか」といって何と自分がだれかにもらった花の首飾りをかけてくれるではないか。私は驚いて、そこまでやるのか、写真といい、花輪といい、思い切った人だと、とても感動した。そして彼は、私の行進に合わせるように、一緒に歩きながらそっと「写真を送るから、住所を教えてくれないか」という。

私も、今日のパレードが最後で、もう会えなくなるのかな、という思いもあって、住所を教えてしまった。いまにして思えば、まったく大胆にもほどがあるアプローチだった。

民間エリートを狙う女性軍人たち

その後、手紙のやりとりがあって、たびたびデートを重ねた。しかし、彼は特殊部隊にいるため、ときどき秘密の訓練があって、山のなかに籠もったり、三八度線近くで特殊任務についたりして、私の勤務地の大邱との連絡がままならないときがしばしばだった。

エリート将校、とくに特殊部隊の将校を恋人にもったことで、私は同僚の女性隊員たちに、ずいぶんうらやましがられた。特殊部隊は「かっこいい」と、韓国の多くの女性たちの憧れのまとだった。

あんなかっこいい人は、あなたみたいな「チャリモンタン」(豆タンク)には似合わないとか、もったいないとか、よく冷やかされたものだった。

何年か勤務していて恋人ができる者は少なくなかった。賢い女性は、司令部や本部に配属される一兵卒を恋人にした。彼らは、いまだ右も左もわからない最下級の新人だ。やることなすこと幼稚に見えるのだが、彼女たちが狙うのは　徴兵で軍隊に入ったソウル大学出身などの民間エリートたちなのである。

そんな新人兵士に優しくしてあげれば、彼らも軍隊生活に不安を感じているときだから、恋が芽生えやすいのである。

三、四年でやめる女性軍人

軍隊は男の世界だが、そのなかの女性部隊はまさに女の世界。女性軍人間での嫉妬《しっと》やいじめも絶えない。

美の競い合いにもすさまじいものがあった。たとえば、配給される軍服はもちろんみな同じデザインだが、ある者は外の仕立て屋で、腰のあたりを少し絞ったものに直してもらう。靴も配給で、ヒールの高さは五センチほどのものに決められていたが、私など背の低い者は、外の靴屋で七センチくらいの高さのものに直してもらったりしていた。また、休日にはキュウリで顔のパックをする者などが多く、生野菜の匂いが宿舎に充満した。

そんな女性ながらの問題もあるため、三、四年勤めていると、後輩から、「あのおばさんいつまでいるのか」という目で見られるようになり、ちょっとでもきつく当たったり、厳しくしたりすると、「おばさんのヒステリーがはじまった」ということになる。二十三、四歳ともなると、そういわれることになるのだ。私たちも新人のころには同じことをいったものだが、それがめぐりめぐってこちらにやってくるとは。

そういうことはともかくとしても、進級の見通しが希薄になったころの三、四年で、せいぜいいても四、五年で軍隊をやめていく女性軍人が多い。残る者はほんの一人か二人。最近のことだが、韓国の新聞を見ていたら、私の一期上で残った一人が、論山にある韓国最大の男子兵の訓練所所長に就任していたと出ていた。女性軍人としてははじめてのことだし、これほどの出世は希有《けう》な例だといえるだろう。

結婚のため退官するのが、もっともいい形なので、そのへんは一般のOLと何ら変わりがない。また、軍隊時代に人脈をつくっておいて、退官と同時に、政府機関や公的な団体に転職することも理想とされていた。軍隊生活は三年までは義務であり、そのあとは残るのも外に出るのも自由である。

私は四年ほど軍隊にいた。たまたま軍隊と大学が両立していたこともあって、大学卒業を控えて軍隊をやめることにした。軍隊で出世を考えるよりも、大学で勉強した臨床医学を生かし、病院へ勤めようと考えたのである。そのほうが、軍隊で昇進するよりも出世が早そうだった。

臨床病理士の資格をめざして

一九七九年十月二十六日、朴大統領が暗殺された。私はその混乱の最中の十二月に軍隊を退官した。ソウルは荒れに荒れていた。連日学生のデモが続き、催涙弾が飛んで昼でも町を歩けないほどだった。

私は大学を卒業したものの、在学中は軍事多忙で勉強不足もいいところだったため、ほとんどの者がとれる臨床病理士の資格がとれなかった。それで、軍隊をやめた当初は、資格試験の勉強のために終日図書館に籠もった。

彼とは、軍隊が非常事態で混乱しているために、なかなか連絡がとれなかった。やっと彼のほうに時間ができると、そんなときにかぎって、私が当時、勉強のために通っていた病院の仕事で会えなかった。また、私に時間があるときは、なぜか彼と連絡がとれない。

私たちの恋愛は、半分は当時の社会状況に大きく揺さぶられたのかもしれない。

私のほうは、何とか臨床病理の仕事を軌道に乗せたいと必死になっているのだが、彼はそんなことよりも結婚だと、二人の将来を早く決めたがっていた。そんな具合で、会えばいつも喧嘩をするようになっていった。

私は結婚をしても仕事を続けていく気持ちでいたが、彼は女が仕事をすることをまったく軽く考えているようだった。また、だんだんと性格が合わないのではないかと思えるようにもなってきた。

たまに会ってもわずかな時間で、お互いの言い分だけ言い募り、相手を理解しようとする気持ちがどちらにも希薄だった。

二人の恋愛関係をやめようとしたときに、スパッと切ることができる人もいる。しかし、韓国人の場合はどうもダラダラと悩むばかりで、どこかふんぎりがつかないまま時間を過ごしてしまう者が多い。私たちもまったくそんなふうだった。

もう会わないか、それとも思い切って仕事を捨てて彼の元に走ってしまうか。日々そうして悩む自分から、何とか脱出しなくては、と思っていた。

病院勤務と日本語学校

正式に病院に勤務するようになった私は、昼休みくらいは病院の臭《にお》いから抜け出たいと思っていた。彼とのことで悩んでいたので、みんなとワイワイ騒ぎながら食事をとる気分ではなかったのである。

たまたま病院の隣に小さな日本語学校があった。昼はそこで外国語の一つでも覚えれば時間潰しにもなる。そんな漠然とした気持ちでフラッと日本語学校へ入って行った。聞いてみると、ちょうど昼時のクラスがある。担当の教師に話してみると、それならば「個人レッスンをやりましょう」ということになった。

こうして、気分転換のための日本語の勉強がはじまった。そこの先生は、昔、日本で教育を受けたかなり年配の女性で、日本語のほかにもいろいろ日本のことを話してくれた。とても親切な先生だったこともあり、私は幼いころに母から聞いた日本のこと、教えられた簡単な日本語の単語を思い出し、なつかしい気持ちも手伝ってかなり身を入れることができた。

こうして、二十年ぶりに再び日本に接近した。かといって、親日になったわけではない。何か一つでも外国語を覚えておいたほうがいいかな、という程度だったし、日本語が韓国人にはもっとも覚えやすい外国語だといわれていたからでもある。

そのころの私は、日本人にかぎらず、東洋人に対してのぬきがたいイメージがあった。それは、西洋人に比べて東洋人は心が狭くて、スケールが小さいというイメージである。もちろん韓国人はそのなかでもっとも狭くて小さいと思っていた。

だれかと国民性の話題などがでると、いつも私は「韓国人はものの見方も考え方も狭いし、行動もチマチマしてスケールが小さすぎる」といっていたものだ。

アメリカ映画を見れば、広大な大地に生きる人々のおおらかな生活がひしひしと伝わってきて、若い私たちの憧れがそこにいっぱい詰まっていると感じられた。

私は、高校のときにヨーロッパに憧れた気持ちの延長として、しだいにアメリカへの憧れを強くしていった。こんな狭い韓国は嫌だ、もっと広い大地で自分の可能性を見つけてみたいと思い続けてきた私とすれば、韓国人よりももっとスケールが小さいと評判の、日本人たちがいる国へ行きたいと考えるはずもなかった。そもそも狭い東洋のどこに可能性があるのだ、と思っていた。

それでも、日本語学校には続けて通っていた。病院の隣で昼休みを有効に使えたからである。この偶然が、私の人生を大きく変えることになるとは、そのときにはまったく想像もしていなかった。

英語学校で売春婦を教える

私は本当に同時に三つくらいのことをしていないと気がすまないらしい。病院勤めをしながら昼は日本語学校へ通っていたが、夕方からはとくにすることがない。そこで、夕方からは、アルバイトでソウルの龍山にある小さな英語学校の教師をすることにした。私は初級を担当したが、驚いたのは生徒のなかに米軍相手の売春婦がかなりいる、ということだった。

龍山は軍の町で、国防部、陸軍本部、女子軍部隊、女子軍訓練所、米軍基地がある。私にはもっともなじみの深い町である。かつては軍服姿でよく町を歩いたものだったが、米軍基地があるために英語学校がいくつもあった。

いまから思えば失礼なことなのだが、売春婦などそばに寄るのも汚らわしいと感じていたから、彼女たちと直接接触しなくてはならないのは、かなりのショックだった。いったい、「この手の人たち」にはどうやって教えたらいいのか、とても平静な気持ちではいられなかった。

彼女たちのお相手は米兵だから、ある程度の会話はできた。でも、英文はまったく読み書きができない。「困ったことだ」と思いながらやっているうちに、私はだんだんと彼女たちが好きになり、すっかり仲良くなってしまった。彼女たちのなかには私を指名しての個人レッスンの希望者が多く、親しい者がだんだんと増えていった。

彼女たちの多くが貧困家庭の出身だった。そして、心から驚かされたのは、彼女たちが実に純真な心の持ち主だった、ということである。思いもよらず、蔑《さげす》んでばかりいた私を心から恥じた。

彼女たちにはよくレストランでおごってもらった。とくに仲良くなった女性が二人いたが、二人とも背の高い美人で、髪は真っ黄色に染めたロングパーマ。ジーンズ姿のときもあったが、ドレスなどを着たりして、それはもう派手派手しいかっこうをしてやって来る。彼女たちからは身の上話をたびたび聞かされていたが、聞けば聞くほど、心のやさしい素直な人たちだと感動せずにはいられなかった。

そのうちの一人が黒人兵を恋人にもっていて、彼女はもう心から愛しているのだ。その黒人兵は、たまに英語学校へ彼女を迎えに来るのだが、巨大な体格の男性だった。これも失礼な話なのだが、韓国では黒人に対する差別感が大きく、私もまた理由もなしに黒人が嫌だった。軍人時代にアメリカ軍基地へ行っても、黒人兵とは極力接触しないようにしていた。

そのため、英語学校で彼から最初に挨拶されたときには緊張したが、実にソフトでていねいな言葉と態度だった。彼女にも、本当にやさしく接している。彼とは彼女と一緒に何べんか食事をしたが、私が偏見をなくすいい体験であった。

恋人との別れ

病院勤めをし、昼は日本語学校に通い、夜は英語学校でアルバイトをするのが日課となっていたが、まだ特殊部隊の彼との間には、はっきりした結論がでていなかった。お互いの連絡もままならなくなっていたある日、突然彼が軍服姿で病院にやって来たのである。臨床病理室は一般の人は立ち入り禁止なのだが、彼は軍靴の音もたからかに躊躇《ちゅうちょ》なく入ってくるや、ストレートに、私に会いたいと告げたらしい。彼は、軍人の日の衝撃的なアプローチの気分で来たのかもしれなかったが、私には迷惑な話であった。また、軍人の彼がいかにも堂々たる態度であらわれたことに反発を感じた。民間の場に、そんな態度で入ってきてほしくはなかった。

彼は私の帰る時間を狙ってきたようで、一緒に出ようという。病院の駐車場に彼が乗ってきた部下の運転する特殊部隊のジープが停めてあった。そのとき私には、なぜかかつては恰好よく思えていたジープの存在がうっとうしく感じられた。

これで終わりだと思った。

いまでもはっきり覚えているが、私は病院の入り口の階段の上に立ち、彼がその下につけたジープに片足をかけて、「ほら、早く、乗って」といった。私は彼をじっと見下ろしたまま動かない。彼もそのままのかっこうで、じっと私を見上げている。

そんな時間が数分続いた。

いろいろとあったのだが、もうそんなことはどうでもいいと思っていた。〝さようなら〟と心でひとこと。私は軽く頭を下げると、彼に背を向けて病院のなかへ戻った。

恋の破局をすがすがしく感じたといってはおかしいかもしれないが、何かずっと他人から支配されていたような気持ちがふっきれて、すっきりした気持ちになっていた。

日本への慰問旅行

海外、海外とずっと思い詰め、いろいろ自分なりに戦略をたてながらうまくいかず、結局自分はこうして病院に勤めている。軍隊では高揚していた気分が、病院では落ち込むばかりだった。それには、クーデター後の不安定な社会状況もたぶんに作用していたと思う。

こんな国には住みたくない、もっとすぐれた国へ行きたい、やはり何としてでもアメリカへ行くんだ。そう思うのだが、当時の普通の韓国人がアメリカへ行くのはそう簡単なことではなかった。お金か実力が必要だ。上流階級の人たちはお金でアメリカ行きの切符を手にすることができる。また、とび抜けた実力があれば、奨学金をもらって渡米することも可能だ。しかし、いずれの条件も私にはなかった。

そこで考えたのが、いまから思えばまことに幼稚な発想だったのだが、「東京経由アメリカ行き」というプランだった。

いま習っている日本語をもう少し上達させて、とりあえず日本に行き、親戚の叔父さんたちも住んでいることだし、アルバイトをしてでも何とか日本の、それも東京の大学に入る。そうやって世界都市東京に生活していれば、そこから世界へ飛び立つことは、いまよりはるかに可能性が大きいのではないか――そんな単純な考えしか、私には思いつかなかった。

早速準備にとりかかったが、渡航手続きなどに予想外の時間がかかることがわかった。その間私は日本語の勉強に集中していたのだが、たまたま私が通っているソウルの教会で日本の老人ホームを慰問する企画がもちあがった。日本の教会の招待によるものだったから、招待ビザが支給され、日本に一カ月は滞在できる。

私はその話に飛びついた。私は一人の宣教師に率いられた十人ほどの賛美歌団の一員として受け入れられ、渡日することになったのである。

福岡の老人ホームを皮切りに、東上しつつ各地の老人ホームや教会で公演をしながら、箱根から東京に入った。

東京の教会で公演をしたときに、ご主人が上智大学の博士課程に在籍中の韓国人夫婦と知り合った。子どもが二人いるというのに、奥さんも韓国の大学を出てそのまま日本の大学で学問を続けているという。二人で励まし合って勉強をしている、うらやましいカップルだった。韓国では女性が結婚後も勉強を続けるということは考えられなかった。

私はその夫婦に「日本に留学したい」と相談した。「それはいい」ということで、いろいろと手続きを教えていただいたことがずいぶん役に立った。

東京経由アメリカ行き

韓国に戻って手続きに入ったが、実際に日本に留学できるまではかなり時間がかかった。それでも、目標が定まった日々は張り合いがあって、日本語の勉強にもずいぶんと身が入っていった。自分の「東京経由アメリカ行き」の計画がすばらしいものに思えていた。

これもたまたまだったが、子どものころに仲のよかった友だちが、やはり日本へ留学しようとしていた。彼女は私が手続きで手間取っているうち、先に日本へ渡ってしまった。彼女は、「先に行っているからね、住むところを確保しておくから、日本に来たら一緒に住もうね」といってくれていた。

ソウル市内には連日のように全斗煥政権に反対する学生デモがあり、町の角々に軍人が立ち、少しでも不審な様子を見せた人間はすぐに拘束されていた。当然、夜は外出禁止で、家のなかにいても催涙弾の煙で目が痛かった。

社会全体が混乱していた。そんな不穏な時代へと突入するソウルの街をあとに、私は平穏なる世界都市東京へ渡ったのである。

それから十条、池袋、新宿と何回か住み替え、いまは渋谷区に住んでいる。また、語学生、大学生、大学院研究生、大学院生、大学講師と身分は代わり、大学付属研究所の研究員や日韓文化協会の理事などの要職もいただくことになった。政治団体、経済団体、社会・文化団体などでの講演も多く、連日のように日本各地を飛び回っている。

来日八年目のときに『スカートの風』を書き、それからまた八年が経った。最初の八年は日本理解に苦しみ、何とか日本が見えてきたと思えた時期だった。あとの八年は、日韓のあり方や自分自身の足元を探ることで、ほとんどの時間を使ってきたように思える。

その間に単行本を十二冊出し、九六年には「第五回山本七平賞」をいただいた。

ここまでやって来られたのは、韓国人から猛烈な反発を受けていることを承知のうえで、日本の出版社や雑誌社が私への原稿依頼を続けてくれたことが大きかった。もってこられるのは、いつも私には難しいと思えるテーマばかりなのだが、とにかく受けて、受けた以上は立派に書こうとしてやってきた。そのために、参照すべき本を探しては読み、また必要な資料を探しては整理したりしているうちに、自ずと自分の考えのほうも整理がついてくる。

また、読者からの手紙、書評、講演のさいに寄せられる各界の人々からの評価。それらからもたくさんのことを学び、執筆活動への大きな力となっていった。

そんな、いわば『スカートの風』以後に生まれた自然な流れに流されるようにして、ここまで来たのだと思える。

その間、いつのころからか、私の「東京経由アメリカ行き」の計略は頓挫《とんざ》した。大学院の修士論文を書くための現地調査で、半年間アメリカに滞在しただけとなり、日本定住がテーマとなった。

日本に憧れた済州島の少女が、半島の反共・反日・愛国の軍人かつ大学生となり、列島へ渡ってもう十六年、物書きを職業とするようになっている。

私はいったい何者なのか？

水と空気と安全のありがたさを、つい自然に得られているものであるかのように感じてしまう。ふと気がついてそんな反応を反省しつつ、日本で生活している「日本定住者」である。少なくともこの土地への定住の意志をもって生きている者であることはたしかだ。たまに海外へでかけても、帰るのは日本という気がする。そう感じられるところに安らぎもまた憶《おぼ》えている。

エピローグ

定住すること

東京の月、済州島の月

一九九八年旧暦の九月、満月の日。

ベランダに出ていた私は、いても立ってもいられない気持ちに襲われて部屋のなかへ戻った。受話器を取って机の前に座ると、真ん丸いお月さまが窓いっぱいに広がる。なつかしさがこみ上げてくる――こんな気持ちになるのはそうそうあるものではない。日本に来てから、悲しいときには家を思うことはあっても、これほど胸の底からなつかしさともの寂しさが重なって、気持ちが乱れたのははじめてのことだった。

済州島へ国際電話の番号を押す。母が電話に出てくることを願った。

「ヨボセヨ」と若い女の声が聞こえてきた。母ではない。嫁いでひと月も経っていない、弟のお嫁さんだった。彼女は母に聞いてわかっているといって、「今日はお姉さんの誕生日でしょう。おめでとうございます」という。

「そちらのお月さんはきれい?」と私が聞いた。

「まだ、太陽が残っていて明るく、月は出てないですよ。今日はいい天気だからきれいな月が見られると思いますよ。これから夕食をすませたらね、一時間ほどあとであの丘に登って海からの月を見るようにとお母さまからいわれたので、楽しみにしています」

しばし無言の私に彼女は話を続けた。

「今日は満月だから潮がよく引いてね、お母さまと一緒に海岸に行って貝などをたくさん採ってきましたよ。とても楽しかったのよ。それを夕食のおかずにする支度をしていたところです」

ソウルから済州島へ嫁いできたばかりの彼女には、はじめての潮干狩りはたいへんに楽しかったようだ。夕方六時半ごろだった。韓国は日本とは時差はないが、実際の太陽の動きは一時間ほど遅いのである。だから済州島ではまだ月が出ていなかった。私は日本で私が見ている満月の感動を母に共有してもらいたくて、国へ電話したのだった。

満月のときは海岸の遠くまで潮が引くので、いつもは海女《あま》さんが潜っていた海も、ヒザまでズボンを巻き上げさえすれば楽々とサザエなどの貝を採ることができる。そんな子どものころの思い出が浮かび、目の前にあの海岸の姿が鮮明に広がっていた。

私の住むマンションからは、都庁をはじめとする西新宿の高層ビルのうえに浮かぶ月が見えている。彼女の話のなかへ入り込むと、あの東海岸で貝を採りながら見た、遠く水平線のうえに浮かび立つ月を眺めている村の人々とともにいる自分が見えてくる。目を大きく開けるか、細めるかで、私はこの二つの世界を行ったり来たりしている。

新宿の高層ビルは、いってみれば超近代の象徴。済州島の東海岸といえばそれこそ前近代の象徴のよう。この二つの世界の住人たちは、お月さまという大きな自然を前にして、同じ感動に心をふるわせることができる。

今日の満月は、このマンションに引っ越しをしてきてはじめて向かいあう九月のお月さまだ。そして、今日は私の誕生日なのである。しかも、来日して十六年、私の誕生日にこんなにきれいな満月を見たのははじめてだった。

大自然との贅沢な接触の日々

私は一九九七年の四月にこのマンションを購入した。それは私の、日本定住への意思表明だといってよかった。住まいというのは不思議なもので、賃貸マンションではどこかで揺らぐ自分の気持ちがあったが、購入したという気持ちになると、家具にしても持ち物にしても、何十年も使うのだからと丈夫な物を選びたくなる。以前までは、いつ引っ越しをしてもいいようにと、一時的な家具ばかりを購入していた。

マンショシ選択の第一条件は窓が広くて景色がいいこと。田舎のようにのんびりとした環境は刺激が少ないために怠けやすい。それを避けて、新宿高層ビル街に近く、しかも日夜働いている人々のそばで、緊張した状態に自分を置いて仕事をしたい。そんな気持ちを満たしてくれる物件を探した。

引っ越した最初の朝、ベランダから見ると、目の前の高層ビルの群れの間から、真っ赤な太陽が昇っている。期待もしなかったことに、小躍りして喜んだ。いくら東側に向いているマンションだといっても、こんな高層ビルの群れのなかでは、日の出の光景などは期待もしていなかった。また、済州島の子どもの頃は別として、ソウルなどの都会暮らしでは、太陽の動きなどまるで気にしないで暮らしていた。それは東京に来てからも同じことだった。

このマンションでは、居間に座ったままで星や雲の流れも、あるときは都庁のうえに大きくかかっている虹を見ることもできる。しかも、天空に輝く満月も朝日までもが手に入る。

この大都会東京に住んで、こんな、大自然との贅沢な接触が毎日の生活でできることなど、思いもしなかった。

よき人との出会い

思い返してみるたびに、日本に落ち着くまでの私は、軽挙妄動《けいきょもうどう》を地で行き、夢ばかり大きく思いつきの行動を繰り返すばかりで、いかに実際的な物事に地道に向き合おうとしてこなかったのかと、われながらあきれる。

でも、自分ではけっして軽く生きてきたつもりはなく、真剣だったことは間違いない。そして、こんな軽率な私が行く先々で本当にいい人たちと出会え、またそれらの人たちがさまざまな形で私の弱さを支えて下さったのは、ただただ私の真剣さによるものだったのではないかとも思う。

私が最も強調したいのは「よき人」との出会いである。これがなかったらいまの私はいない。それは確実にいえることだ。

私の経歴も、たどった道も、とてもほかにあり得そうもないものであることはたしかかもしれない。でも、私はとくに変わった人間でも、何か特殊な才能をもった人間でもない。

単に凡庸な西洋かぶれの韓国新世代の走りだったにすぎない。

　そんな私が自信をもっていえることは、「よき人」を求める気持ちの強さが、もっといえば他者への渇望の深さが、自分で自分を迷わせ、迷路を生み出し、同時にそこから抜け出ることをも可能にした、ということである。

　そうやって、私がようやく突き当たったのが日本定住という課題だった。私は一所懸命に働き、あまりお金は稼げてはいないものの、少々無理をしてマンションを購入した。もちろん長期のローンで、である。

　いま、ベランダに和風の小さな庭をつくっている。材料は通信販売などで買った安物なのだが、いろいろ工夫してみるのが楽しくて仕方がない。いつか、地面のある家を手に入れ、土の上に庭をつくりたい。それがいまのところの私の夢である。

新版あとがき

私は昨年、韓国生活と日本生活がちょうど半々となり、今年は日本生活のほうが長くなる節目の年にあたる。そんな折、私の日本定住をめぐって書いた本書がはからずも再刊となったことに感謝したい。

本書を刊行してから十二年経つが、その間の最も大きな変化は、なんといっても二〇〇四年に拓殖大学の国際学部（国際開発学部改称）教授の職を得て、日々若者たちと身近に接するようになったことである。初年度の担当講座は「朝鮮半島」「朝鮮半島政治」だったが、翌年から「日本の歴史と文化」が加わった。そして昨年から「日本の文化」と「日本の歴史」をそれぞれ独立した講座として担当し、それに「民族と宗教」の講座が加わり、「呉善花ゼミ」も含めて現在に至っている。

「日本の文化」については、研究・評論活動として本格的に取り組んできた分野だったが、「日本の歴史」も「民族と宗教」も自分の専門分野ではなく、担当を命じられたときには少なからぬ戸惑いがあった。それでもやることにしたのは、一つには大学院で学んだ地域研究（エリアスタディ）の観点が講義に生かせるとの思いがあったからである。日本についての外国人によるすぐれた地域研究には、たとえばルース・ベネディクトの『菊と刀』がある。これは第二次大戦中における日本研究の代表例といってよいものだろう。この名著を凌ぐ仕事ができないか――密かにそんな思いをもってもいた。国際学部の学生が対象であることからすれば、むしろ日本を視座としながらも、自分が思う地域研究の核心をなす「世界視線」を組み込んだ講義はふさわしいものと思われた。そしてもう一つは、自分自身が本腰を入れて勉強し直す絶好のチャンスになるということだった。

余裕は一年と少々、それまでに講義の準備を整えなくてはならない。それで猛勉強をすることになり、それまでの日常が一変した。大学の講義・業務に加えて講演や取材の予定が多く、じっくり家にこもる時間がほとんど取れないなか、関連書物を読み、ノートを取り、講義内容をまとめていく。それらの作業を、あるときは食事をしながら、あるときは電車に乗りながら、また飛行機や新幹線で移動しながらと、まさしく寸暇《すんか》を惜しまず推し進める日々が続いた。こんなことになるなら引き受けなければよかったと何度思ったことか。でも、私はいつもそうだった。せざるを得ない状況に自分を巻き込むことで、未体験の領域へ突入していく、これが自分のやり方だということを今回も強く実感した。

大学では四年ほど前に、サークル活動として茶道部を新たに立ち上げた。伝統ある流派の家元から師範を派遣していただいての稽古である。たくさんの日本人学生が男子、女子に関係なく夢中になっていく姿を、またその立ち居振る舞いがみるみるうちに立派になっていく様子を目にするたびに、若者たちを主人公とする「古き良き日本探しの時代」を強く感じさせられている。

大学の仕事は週に三日間を費やし、四日間は講演と原稿書きや取材などの執筆活動に目いっぱい使っている。講演は年に七十〜百回ほどだろうか。全国を飛び回り各界・各分野の方々と接するので、新しく出会った人と場所を通して得られる知見や情報には膨大なものがある。呼んでいただいて自らの糧が豊かになるのだから、本当に有り難いことだと思う。また昨年からは、いくつかの県で私を講師とする「呉善花塾」が立ち上がっている。塾生には社会の第一線から退かれた方も少なくなく、勉強となれば「生涯現役」だという方々が日本にはいかに多いかをあらためて知らされている。

これまでに出版した著書は、共著と文庫を除いた単行本で三十二冊となった。最近では日本文化や日本人についての評論集が多く、講演でも同様のテーマの依頼が多くなっている。大人たちの間でも「古き良き日本探し」がいたって盛んなようである。

私生活の面では、九年ほど前に東京から近くの温泉地背後の山腹に、小さな和風の家屋を建てた。そこに、猫の額ほどのものではあるが、長い間の念願だった和風の庭を自分のデザインで造ることができた。リビングからの、海原をオレンジ色に染めながら昇る朝日の景観が素敵だ。私の生まれ育った済州島の実家近辺で臨める朝日の景観にそっくりで、見るたびに故郷を想い出している。

三年ほど前には、以前より少し広い新宿・都庁近くのマンションへ引っ越した。部屋を少々改造して二畳ほどの茶室を造り、たまにお客様をお招きしてお茶会を催し交流の場としている。また、茶室のなかに神棚と仏壇を隠し設けている。壁に仕込まれた戸を開けば、日々神仏に祈りを捧げ、亡き父母を想うことのできる聖なる場所へと変身する工夫である。

今度のマンションのベランダにも和風の庭を造っている。天気の良い日はリビングの先の庭の彼方に、富士山が小さくも奇麗な姿を見せてくれる。毎年二月一日の午後五時、富士山の真上に落ちる夕日がダイヤモンドのように輝く。太陽の神様、富士山の神様、そうした日本の神々に手を合わせる。今やすっかりそういう自分になっている。

日本生活が深まる一方で、韓国の「呉善花叩き」は一向に止まらない。韓国のテレビで

「呉善花つぶし」を目的とする一時間の特番もあった。そのため、数日間私の住居の周りに取材陣が張り付き、まことに失礼な一方的取材攻勢で大変な迷惑を受けた方もあった。最近では、マスコミに加えてインターネットを利用した悪質な非難が増えている。ほとんどが批判とはいえない、人をおとしめる「捏造・でっちあげ」や汚い侮蔑言葉に満ちたものだ。

　韓国で反国家的要注意人物とされていることから、政治的な身の危険性もあり、日本にすっかりなじんでの生活を生涯続けたい思いが強く、この間に日本に帰化した。間もなくの二〇〇七年十一月に日本人のパスポートを持って母の葬儀に向かったのだったが、済州島の空港で入国禁止の措置がとられた。外務省関係・領事館などを通しての延々たる交渉の結果、国家情報院に「反国家的な活動をしない」との念書を書かされ、葬儀参加だけの特別許可とする入国となり、早々に帰国させられた。以後、韓国へは行けないままでいる。

　本年三月十一日の「東日本大震災」では、かつてない大きな衝撃と深い悲しみに襲われた。いうまでもなく、日本は歴史的に数多くの大震災にあってきているが、そのたびに改《かい》元《げん》が行われ、精力的な「世直し」がなされてきた。黒船来航の翌年、一八五四年に起きた安政大地震は三万名の死者を出す大惨事となったが、翌年には江戸直下の大地震が起き、そのわずか十三年後に明治維新という大改革が成し遂げられている。今年は現代の維新、「日本世直し」へと向かうはじまりの年としなくてはならない。

個人的にも、今年は韓国生活よりも日本生活が長くなる年でもあり、「人生再出発」の年だと思っている。日本人として、なんとしても日本復興のお役に立つようなことがしたい。そして、できうれば近い将来、新しい真の日韓関係の時代が開かれることを心から期待したい。

平成二十三年五月五日

呉　善花

本書は、二〇〇三年六月にＰＨＰ研究所より出版された『私はいかにして「日本信徒」となったか』（ＰＨＰ文庫）を改訂した新版です。

呉　善花（お・そんふぁ）

拓殖大学国際学部教授。1956年、韓国・済州島生まれ。83年に来日し、大東文化大学（英語学専攻）の留学生となる。その後、東京外国語大学大学院修士課程修了。著書に『攘夷の韓国　開国の日本』（文藝春秋、第5回山本七平賞受賞）、『スカートの風（正・続・新）』（三交社、角川文庫）、『韓国併合への道』（文春新書）、『恋のすれちがい』（角川書店）、『日本が嫌いな日本人へ』『日本人を冒険する』『日本的精神の可能性』（PHP文庫）など多数がある。

私は、いかにして「日本信徒」となったか

2011年6月2日　初版発行
2013年8月23日　第4刷

著　者　呉　善花

発行者　鈴木　隆一

発行所　ワック株式会社
東京都千代田区五番町4-5　五番町コスモビル　〒102-0076
電話　03-5226-7622
http://web-wac.co.jp/

印刷製本　図書印刷株式会社

ISBN978-4-89831-644-3